Mit dieser Zeittafel wird, eingebettet in die wichtigsten Ereignisse der Geschichte der Psychologie, deren zentrales Thema chronologisch dargelegt: die Entwicklung der menschlichen Intelligenz und Kreativität von ihren Uranfängen über die erste explosionsartige Entfaltung in der Steinzeit bis herauf zur wissenschaftlichen Erforschung seit Mitte des 19. Jahrhunderts mit den Höchstleistungen moderner Genies wie Albert Einstein und Sigmund Freud.
Zeittafeln sind ein hochinteressantes und leistungsstarkes Tool für jeden geistig aktiven Menschen. Der Autor zeigt dies anhand des zentralen Gegenstands der psychologischen Forschung. Die Methode lässt sich – in Form der »Erzählenden Familienchronik« oder des »Lebenslaufs mit Tiefgang« – auch auf die persönliche Lebensgeschichte übertragen.

JÜRGEN VOM SCHEIDT, 1940 in Leipzig geboren, hat Psychologie, Soziologie, Anthropologie und Psychopathologie studiert und promovierte mit einer Studie über seine therapeutische Arbeit mit Drogenabhängigen. Während des Studiums arbeitete er bei einer medizinischen Fachzeitschrift, danach zunächst als wissenschaftlicher Lektor und Publizist für Psychologie und Naturwissenschaften. 1971 eröffnete er eine eigene Praxis als Psychologe, aus der die »Münchner Schreib-Werkstatt« im »Institut für Angewandte Kreativitätspsychologie« entstand (weitere Informationen im Internet unter *www.iak-talente.de*). Zurzeit lieferbare Titel des Autors: *Handbuch der Rauschdrogen* (mit W. Schmidbauer), 11. überarb. Ausg., München 2003; *Geheimnis der Träume*, 3. überarb. Ausg., Landsberg a. Lech 1999; *Kurzgeschichten schreiben*, Allitera Verlag München 2002, *Kreatives Schreiben*, 8. Aufl. Frankfurt am Main 2003, *Das Drama der Hochbegabten*, München 2004.

Jürgen vom Scheidt

Zeittafel zur Psychologie von Intelligenz, Hochbegabung und Kreativität

Mit Beispielen zu Anwendungen der Zeittafel-Methode und einer ausführlichen Filmografie zur Hochbegabung

Für meine Kinder Gregor, Maurus und Jonas

Bibliographische Information der Deutschen Bibliothek

Die Deutsche Bibliothek verzeichnet diese Publikation in der Deutschen Nationalbibliographie; detaillierte bibliographische Daten sind im Internet über <http://dnb.ddb.de> abrufbar.

2. Ausgabe, Mai 2004
Allitera Verlag
Ein Books on Demand-Verlag der Buch&media GmbH, München
Weitere Informationen über den Verlag und sein Programm
unter: www.allitera.de
© 2004 Buch&media GmbH (Allitera Verlag)
Umschlaggestaltung: Kay Fretwurst, Spreeau
Umschlagfoto von Joanne K. Rowling: Picture-Alliance, dpa
Druck und Bindung: Books on Demand GmbH, Norderstedt
Printed in Germany · ISBN 3-86520-043-5

Inhalt

Zum Geleit 7
Die Zeittafel: ein vielseitiges Werkzeug 8

Teil I:
Zeittafel zur Psychologie von Intelligenz,
Hochbegabung und Kreativität

Am Anfang war das Feuer 14
Von der Urzeit bis zum 6. Jahrtausend v. Chr. 16
Beginn der Hochkulturen 23
Altertum 25
Zeitenwende bis Mittelalter 35
Neuzeit 41
Moderne (ab 1946) 69
Zukunftsausblicke 101
   18 kommende Menschheiten 103
   Entwicklung in sieben Spezies 104

Teil II:
Anwendungen der Zeittafel-Methode

Horizontale und vertikale Vernetzung von Informationen   111
Die »Persönliche Zeittafel« (Lebenslauf mit Tiefgang) 112
   Die Fülle bändigen 113
   ZT I: Entstehungsfolge der Texte 113
   ZT II: Chronologie anhand der Lebensdaten 116
Die »Erzählende Familienchronik« 120
   ZT III: Erzählende Familienchronik 121
Die Handlungsstruktur eines Romans organisieren 132
   Die Vorgabe (von Andreas Eschbach und Klaus N. Frick) . 133
   Zeittafel zu »Das Geheimnis des Leoniden« 135

Anhang

Glossar 141
Filmografie 146
Bibliografie 164
Personen-Register 170

»Wer nicht von dreitausend Jahren
Sich weiß Rechenschaft zu geben,
Bleibt im Dunkeln unerfahren,
Mag von Tag zu Tage leben.«
(Goethe: *West-östlicher Divan*)

Zum Geleit

Zeittafeln sind ein hochinteressantes und leistungsstarkes Tool für jeden geistig aktiven Menschen. Sie sind nämlich nicht nur eine chronologische Anordnung von Daten und Ereignissen: Richtig eingesetzt, werden sie zu einer kreativen Methode und zum unverzichtbaren Werkzeug für jeden Menschen, der viele Informationen zu bewältigen hat. Dies sind Journalisten und Schriftsteller, die von Haus aus beim Schreiben mit viel Material konfrontiert werden. Außerdem können Wissenschaftler, Lehrer, Psychologen und andere Personen mit vergleichbaren Berufen diese Methode mit hohem Nutzen einsetzen.

Was gerne übersehen wird: Auch Studenten und sogar schon Schüler müssen Unmengen von Fakten, Zahlen und Ereignissen auf sinnvolle Weise sammeln und gliedern!

Ein (Sach-)Buch ohne Zeittafel ist in meinen Augen wie ein Auto ohne Straßenkarte. Man kann sich damit wohl bewegen – durch eine Landschaft im Raum, durch ein Thema in der Zeit – aber man weiß nie so recht, wo genau man sich gerade befindet.

Ich möchte mit diesem Buch Anregungen geben, die aus fast einem halben Jahrhundert eigener schreibender und (als Kreativitätspsychologe) forschender Tätigkeit stammen.

Die *Zeittafel-Methode* lässt sich jedoch nicht nur beruflich und zum Lernen einsetzen, sondern mit großem Erkenntnisgewinn auch im privaten Bereich: beispielsweise in Form des *Lebenslaufs mit Tiefgang (Persönliche Zeittafel),* einer *Erzählenden Familienchronik* und sogar beim Erarbeiten der Handlungsstruktur eines Romans (s. Teil II).

Die Zeittafel: ein vielseitiges Werkzeug

Die hier vorgelegte Zeittafel ist eine wesentliche Ergänzung und Vertiefung meines parallel im Kösel-Verlag (München) erscheinenden erzählenden Sachbuchs *Das Drama der Hochbegabten*. Dort konnte aus Platzgründen nicht die ganze Fülle der Daten angeführt werden. Die dortige Zeittafel umfasst 15 Druckseiten mit insgesamt 60 Einträgen. In der hier nun vorgelegten Ausführlichkeit sind es 89 Seiten mit 334 Details. Dazu kommen noch einige *Verdichtungsknoten*, wie ich das nenne: zum Beispiel im Anhang die Filmografie in Form einer Zeittafel oder das »Schlüsseljahr 1968« – eine Art *Zeittafel in der Zeittafel*.

Hier in der *Zeittafel zur Psychologie* ... geht es genau um dies: um die Fülle der Daten und Ereignisse, aus denen sich beim Lesen der komplexe historische Prozess entfaltet, der in der Urzeit mit der Entstehung des Lebens begann. Dieses Geschehen führte im Verlauf der Jahrmillionen von einer archaischen *biologischen* Kreativität zu einer ganz anders gearteten *psychischen* und *kulturellen* Produktivität. Sie erzeugte jene Höchstleistungen des menschlichen Geistes, die wir üblicherweise meinen, wenn wir von Kreativität sprechen. Wenn wir an Personen wie Albert Einstein und Sigmund Freud denken – oder an den namenlosen Schöpfer einer steinzeitlichen Pferdezeichnung in einer Höhle. Oder wenn wir einen spannenden, brillant komponierten Roman von Joanne K. Rowling über den buchstäblichen Überflieger und Zauberlehrling Harry Potter lesen. Das Umschlagbild dieses Buches stellt sie einträchtig alle vier nebeneinander und deutet damit die Spannweite der Thematik an.

Eingebettet in die wichtigsten Ereignisse der Geschichte der Psychologie[1], wird deren zentrales Thema chronologisch dargestellt: die Entwicklung der menschlichen *Intelligenz* und *Kreativität* von ihren Uranfängen über die erste explosionsartige Entfaltung in der Steinzeit bis zu ihrer wissenschaftlichen Erforschung seit Mitte des 19. Jahrhunderts. *Hochbegabung* ist gewissermaßen das Kerngeflecht, um das herum sich andere Fäden ranken, die dieses Thema vertiefen und wesentliche Aspekte der Angewandten Kreativitätspsychologie darstellen: *Vernetztes Denken*, *Heldenreise* und das *Schreiben*,

---

[1] Die frühen Eckdaten der Psychologie sind zugleich solche der Philosophie. Die antike Philosophie (geprägt von kühnen Denkern wie PYTHAGORAS und ARISTOTELES) brachte aber auch nicht selten mathematische und naturwissenschaftliche Glanzleistungen hervor – Kennzeichen einer Zeit, die noch nicht in hermetisch abgeschlossene Spezialdisziplinen wie »Philosophie«, »Psychologie«, »Physik« und »Mathematik« zersplittert war.

insbesondere in dessen vielseitiger moderner Variante, dem *Creative Writing*, meinem Spezialgebiet.[2] Ausgewählte Details zur Erforschung der *Träume*[3] (einem zentralen Aspekt der Kreativität seit SIGMUND FREUDS bahnbrechenden Arbeiten ab 1895) runden dies ab.

Schließlich zieht sich durch das *Drama der Hochbegabten* wie der sprichwörtlich gewordene *rote Faden* der Prinzessin ARIADNE das Motiv *Labyrinth* mitsamt Irrgarten, unter anderem weil Labyrinthe in den Intelligenztests von Anfang an eine wichtige Rolle spielen. Entsprechend klingt dieses Motiv auch hier in der Zeittafel an.

Ähnliches gilt auch für die Science Fiction, die ich ab und an erwähne: Sie ist die einzige Literaturgattung, bei der nahezu immer Hoch- und Höchstbegabte und ihre (Un-)Taten im Mittelpunkt stehen,

– sei es als geniale Retter der Menschheit vor schrecklichen Katastrophen,

– sei es als Verursacher solcher Ereignisse in der Gestalt von *mad scientists* à la Dr. Frankenstein oder Dr. Seltsam.

Zur Erforschung der Intelligenz und ihrer Höchstleistungen gehören schließlich noch herausragende Beispiele, Persönlichkeiten wie ERASMUS VON ROTTERDAM, MARTIN LUTHER, ALBERT EINSTEIN und SIGMUND FREUD. Dazu Bücher, Filme, Dramen und dergleichen, die das – reale und fiktive – Schicksal solcher Menschen dokumentieren. Und, last but not least, die Schöpfer dieser künstlerischen Werke.

München, im Februar 2004

Jürgen vom Scheidt

---

[2] Näheres hierzu und mein Seminarangebot finden Sie auf meiner Website: www.iak-talente.de. Dort wird diese gedruckte Zeittafel auch laufend aktualisiert.

[3] Man könnte die Träume als den Schlüssel schlechthin zu den kreativen Prozessen im Vorbewussten und Unbewussten bezeichnen.

Teil I:

Zeittafel zur Psychologie von Intelligenz, Hochbegabung und Kreativität

Eine Zeittafel anfertigen – das ist ähnlich wie eine Zeitreise im Science Fiction-Roman. Man gerät leicht ins Grübeln und fragt sich: »Was hätte sich anders entwickelt, wenn dies oder jenes Ereignis anders abgelaufen wäre?«
Aber es ist außer der Anregung zu solchen Spekulationen die ergiebigste Methode, um sich die Entwicklung von kulturellen, sozialen und politischen Themen im Verlauf der Menschheitsgeschichte klar zu machen – oder die Entwicklung eines wissenschaftlichen Forschungsgebiets. So ist auch die folgende Zeittafel zu *dem* zentralen Thema der Psychologie entstanden: der Intelligenz in ihrer speziellen Ausprägung als Hochintelligenz oder Hochbegabung, mit Kreativität beziehungsweise Innovativität als den interessantesten Erscheinungsformen.
Ohne Intelligenz wären wir keine Menschen. Ohne Hochbegabte und ihre Kreativität/Innovativität gäbe es keine Hochkultur(en). Vielleicht wäre nicht einmal das Feuer ohne einen Hochbegabten »erfunden« worden,
– denn es genügte ja nicht, den vielleicht vom Blitz oder einem Vulkanausbruch entflammten Ast an einen windgeschützten Ort zu tragen und dort zu einem immer währenden Feuer zu entfachen
– sondern es musste auch jemand die Artgenossen davon überzeugen, dass es sinnvoll und *gut* ist, dieses schreckliche Ding zu zähmen, Fleisch damit zu braten, sich an kalten Nächten daran zu wärmen, die Schrecken der Nacht zu vertreiben und Feinde vom eigenen Lagerplatz fern zu halten,
– und dass man dafür als Gruppe zusammenhalten und für eine ständige Bewachung des Feuers sorgen muss.

Es ist gar nicht so leicht, etwas Neues in die vertraute Welt zu bringen – einen *Paradigmenwechsel* herbeizuführen (wie THOMAS KUHN das genannt hat). Genau dafür sind aber immer schon die hochbegabten Querdenker, Tüftler und Innovativen zuständig gewesen – und das nicht erst seit ALBERT EINSTEIN, der mit seiner Relativitätstheorie ein völlig neues Konzept von Raum und Zeit entwickelt hat und die vertraute statische Welt der NEWTON'schen Physik mit seinem dynamischen Weltmodell ziemlich auf den Kopf stellte (s. das Jahr → 1915).

Am Anfang war das Feuer

Das Stichwort *Feuer* steht symbolisch auch für jenen urtümlichen Akt, mit dem der Mensch sein eigenes Schicksal in die Hand zu nehmen begann und Technologien entwickelte, die ihn zunehmend unabhängig von der ihn umgebenden Natur machten – auch wenn er sich mit dieser Unabhängigkeit und dem Schutz vor Gefahren völlig neue Gefahren und Abhängigkeiten einhandeln sollte, wie wir heute zu Beginn des dritten Jahrtausends immer klarer erkennen müssen. Das Feuer ist ein viel komplexeres Werkzeug als beispielsweise ein Faustkeil, weil es (Überwindung von Urangst! Pflege und Bewachung!) mit einer neuen seelischen und sozialen Einstellung verbunden ist.

Im griechischen Mythos von PROMETHEUS, der den Göttern das Feuer stahl und den Menschen auf die Erde brachte (wofür er bekanntlich hart bestraft wurde)[4], ist diese Zwiespältigkeit dem neuen *Licht* gegenüber sehr anschaulich dargestellt.

Jedenfalls ist dies Grund genug, unsere Zeittafel mit der Zähmung des Feuers anzufangen.

Zugleich möchte ich auf einen Film verweisen, der diese schicksalhafte Epoche überzeugend und in großartigen Szenen eingefangen hat: *Am Anfang war das Feuer*. Mit diesem *Anfang* ist der Beginn einer menschlichen Kultur gemeint. Die dort erzählte Geschichte spielt vor etwa 60000 Jahren und handelt davon, wie beim Angriff einer primitiveren Primatenhorde einem Stamm das Feuer verloren geht. Drei aus dem Clan machen sich auf, es wiederzufinden. Dabei entdecken sie eine noch höher entwickelte Menschengruppe, die sogar weiß, wie man Feuer gezielt erzeugen kann. In einem eigenen Abschnitt im Anhang (s. S. 146 ff.) habe ich diesen und verwandte Filme zum Thema Hochbegabung zusammengetragen. Diese *Zeittafel in der Zeittafel* ist zugleich eine Demonstration dessen, wie man aus einer Chronologie mehr als nur eine schlichte Reihenfolge von Daten und Ereignissen machen kann: nämlich indem man derartige Vernetzungs-Knoten herstellt, die das vorliegende Material auf neue Weise kombinieren.

Oben schrieb ich: »Eine Zeittafel anfertigen – das ist ähnlich wie eine Zeitreise.« Ich möchte dies wörtlich nehmen und Sie bitten, ein kleines Zeitreise-Abenteuer zu wagen. Stellen Sie sich vor, Sie wären

---

[4] ZEUS schmiedet ihn an einen Felsen, wo ihm ein Adler täglich aufs Neue die Leber (= das Leben) heraushackt – bis ihn endlich HERAKLES von diesem schrecklichen Schicksal erlöst.

der Begleiter eines genialen jungen Wissenschaftlers, der eine Maschine ersonnen hat, mit der man beliebig in die Vergangenheit oder Zukunft reisen kann. Wählen wir – nicht zufällig – ein Schlüsseljahr der Weltgeschichte und reisen wir ins Jahr → 1895: Bitte blättern Sie um auf S. 53.

Keine Lust zu dieser Zeitreise? Dann können Sie auch gleich hier ins Abenteuer einsteigen – in der Urzeit. Beim Feuer.

Eine Bitte: Sollte Ihnen ein wichtiges Ereignis in einem der Abschnitte der folgenden Zeittafel fehlen, teilen Sie es mir mit – zur Ergänzung in späteren Auflagen und auf meiner Website. Dorthin können Sie mir auch eine Mitteilung schicken: juergen.vomscheidt@iak-talente.de (oder brieflich: Postfach 440238, D–80751 München – bitte Rückporto beifügen!)

Von der Urzeit bis zum 6. Jahrtausend v. Chr.

Vor 14 Mrd. Jahren
entsteht aus dem Feuer des Urknalls unser Universum (nach anderen Berechnungen: vor 25 Mrd. Jahren). Auf einer gedachten Jahresuhr mit dieser Universalzeit würde eine Sekunde rund 45 000 Jahren entsprechen (bei 25 Mrd: rund 79 000 Jahren). Die Zeit der Hochkulturen (zugleich der Aufstieg der Hochbegabten zur beherrschenden Menschengruppe auf unserem Planeten) würde im Ablauf des Universums mit ihren rund 5000 Jahren gerade mal eine Neuntel- resp. eine Sechzehntel-Sekunde dieses Weltenjahres ausmachen.
Betrachtet man nur das für uns so wichtige 20. Jahrhundert, so schrumpft dieser Ausschnitt auf eine 450stel- resp. 790stel-Sekunde – wir nähern uns also dem Bereich der Millisekunde – nicht einmal ein Wimpernschlag angesichts der relativen Ewigkeit des Universums.

Vor 4 Mrd. Jahren
Aus der Urmaterie unseres Sonnensystems formt sich der Planet Erde.

Vor 1 Mrd. Jahren
Entstehung des Lebens auf der Erde.

Vor 65 Mio. Jahren
Verschwinden der Saurier und Aufstieg der Säugetiere.

Vor 3 bis 4 Mio. Jahren
Frühe Erscheinungsformen (*Hominiden*), die zum modernen Menschen führen (*Spezies I bis IV*).
Da es in allen heute existierenden Völkern und Rassen Hochbegabte gibt, muss diese Mutation spätestens zu dem Zeitpunkt entstanden sein, als um → 100 000 die große Wanderung und Aufteilung in mehrere Entwicklungslinien begann.

Vor 2 Mio. Jahren
Homo erectus, der »aufrecht gehende Mensch«, besiedelt Afrika.

Vor 500 000 Jahren
zähmen Menschen erstmals das Feuer. Es bringt Wärme, Licht und Schutz in die Welt und erste Unabhängigkeit. »Jede menschliche Ge-

meinschaft, und mochte sie noch so primitiv gewesen sein, erlernte und beherrschte den Gebrauch des Feuers. Kein anderes Lebewesen nutzte das Feuer, nicht einmal in primitivster Form.« (ASIMOV 1991, S. 9)
(Sehr eindrucksvoll wird die Bedeutung dieser Ur-Technologie dargestellt im Film *Am Anfang war das Feuer* → Filmografie im Anhang.)

200 000
entwickeln sich in Ostafrika die Frühmenschen (s. *Homo erectus*) zum *Homo sapiens sapiens*.

150 000
Der *Neandertaler* erscheint als neue Mutation (*Spezies V*) innerhalb der Menschheits-Evolution.

100 000
Eine – vermutlich sehr kleine – Gruppe Menschen verlässt zum ersten Mal Afrika Richtung Osten und teilt sich in eine Linie, die nach Europa wandert (→ 40 000 v. Chr.) und in eine andere, die nach Osten zieht (Sibirien, China, Australien). Spätestens jetzt müsste die Hochbegabungs-Mutation[5] entstanden sein –, wenn sie sich nicht nachträglich über die Welt verbreitet hat (→ 50 000 v. Chr.).

Vor ungefähr 100 000 Jahren, so nimmt man an, ist auch die menschliche Sprache entstanden.

Es beginnt die Zeit der *Schamanen*. Sie sind nicht nur Heilkundige, sondern auch die Ratgeber der Häuptlinge. Später – da nennt man sie Priester – werden sie die Berater und Vertrauten der Fürsten und Könige. Sie fassen dieses frühe Wissen zusammen in den Erzählungen und Gesängen, mit denen sie ihrem Stamm, später einer ganzen Kultur, das geistige Zentrum in der Gegenwart und ein die Generationen überdauerndes Band der sozialen und kulturellen Zusammengehörigkeit zur Verfügung stellen.

Die Schamanen kennen bereits eine archaische Charakter- und Intelligenzdiagnostik, mit deren Hilfe sie aus ihren Schülern geeignete Nachfolger auswählen. Das wichtigste Diagnostikum ist der Verlauf der Schamanenkrankheit, einer seltsamen Malaise, deren günstiger Verlauf die Eignung zum Heiler durch die Selbstheilung bekräftigt.

---

[5] Wie man sich diese (Makro-Makro-)Mutation vorstellen könnte, beschreibe ich genauer in Kap. 9 meines Buches *Das Drama der Hochbegabten*.

Der Adept durchlebt eine Art psychosomatischen Ausnahmezustand, dessen Überstehen ihn als den Auserwählten für die künftige Rolle als Heilkundiger bestätigt.

Bei der »Schamanenreise zu den Ahnen« taucht der Heiler in einen Zustand der hellsichtigen Trance ein, der ihm die Ursachen von Störungen der Gesundheit bei einem Kranken oder der sozialen Befindlichkeit eines ganzen Stammes aufzeigt (vgl. die *Heldenreise* → 2600 v. Chr.). Dabei werden auch sakrale Rauschdrogen wie der Fliegenpilz verwendet, um einen Zustand der Trance zu erzeugen.

50 000

Ungefähr zu jener Epoche findet, gemäß einer Hypothese des Archäologen RICHARD KLEIN, die letzte größere Mutation innerhalb der Menschheit statt. Diese habe modernes Verhalten erst möglich gemacht und den Keim zur Kultur gelegt. Doch es bedeutet auch: Wenn es eine Mutation zur Hochbegabung gibt, dann ist sie wahrscheinlich spätestens zu diesem Zeitpunkt entstanden. (In diesem Fall müsste man ihr weltweites Vorkommen allerdings anders als oben erklären – also wohl mit einer nachträglichen Verbreitung der Gen-Kombination, welche Hochbegabung ausmacht.)

[Was schätzen Sie, wie viele hochbegabte Menschen bis zum heutigen Tag gelebt haben? Das Resultat dieser statistischen Spekulation finden Sie unter der Jahreszahl → 2003.]

Damals beginnt der Mensch auch, Wissenschaft zu betreiben. Über zehntausende von Jahren hinweg sammeln die Schamanen (auch → 100 000) Informationen über Heilkräuter und die Bewegungen der Gestirne. Sie ritzen auf Knochen Beobachtungsreihen der Mondphasen und der Bewegungen der Sterne, verfolgen das Kommen und Gehen der Jahreszeiten und ihren Einfluss auf Pflanzen, Tiere und Menschen.

Sie sind Vorläufer der babylonischen Astrologen (und damit der Astronomen). Sie beobachten nicht nur, sondern notieren ihre Erkenntnisse auf den Wänden von Höhlen, sind in einem gewissen Sinne also Vorläufer der späteren Künstler und Schriftsteller sowie der Ärzte, Priester, Psychologen und Soziologen.

Vor rund 40 000 Jahren

In jener frühen Zeit leben die Menschen in Gruppen von 25 bis 100 Personen. Angenommen, es gab früher schon Hochbegabte und ihr Anteil an der Gesamtbevölkerung war damals schon so groß wie heute (also rund drei Prozent), so konnte es rein statistisch in einem Stamm von 30 Menschen einen einzigen Hochbegabten, in einer größeren Gruppe mit 100 deren drei geben, die für so besondere Aufgaben wie die des Schamanen und Häuptlings nötig waren, oder auch als besonders befähigter Spurenleser.

40 000

ereignet sich so etwas wie ein »kreativer Urknall«. Ab da schaffen die Menschen z.b. kostbare Elfenbeinschnitzereien, die noch heute unser Staunen erregen. Diese ersten künstlerischen Produkte sind, wie die Höhlenmalerei, als Vorläufer der darstellenden Kunst und der Schrift eine Spielwiese und Experimentierfeld für Talente:
– einerseits stellen sie mit ihren oft verblüffend realistischen Darstellungen frühe Beispiele wissenschaftlicher Notizen und Reihenbeobachtungen dar (wie sie Grundlage jeder Kunst, Ingenieurstechnik und Wissenschaft sind),
– andererseits schaffen sie mit stilisierten Symbolen erste Ansätze für hochabstrakte Denkvorgänge (wie sie später u.a. für Theorienbildung in den Wissenschaften wichtig werden).

In jener Zeit werden Menschen sich wohl auch erstmals ihrer selbst in einer urtümlichen Form bewusst und beginnen, ein Bild von sich selbst und von ihrer Welt zu entwerfen.

35 000

vermutet man die Entstehung des bildhaften Denkens. Es ist offenbar heute noch gelegentlich dem modernen Denken überlegen, das am Sprechen (KLEIST rühmt 1805 die »Verfertigung der Gedanken beim Reden«) und Schreiben (→ 6000) orientiert ist. ALBERT EINSTEIN zumindest führt die Entstehung seiner revolutionären Gedanken auf sein bildhaftes Denken zurück (→ 1915).

31 000

entstehen die ältesten erhalten gebliebenen Kunstwerke aus Menschenhand, die bisher bekannt sind (*Spiegel* vom 29.12.2003). Auf der Schwäbischen Alb findet man 2003 n. Chr. in einer Höhle die in Elfenbein geschnitzten Darstellungen eines Pferdes, eines Löwenmenschen (Menschenkörper mit Löwenkopf und -beinen) und eines Vogels (vielleicht ein tauchender Kormoran). Mittels radioaktivem Kohlenstoff (C-14-Methode) kann man die Funde aus dem »Hohlen Fels« als etwa 33 000 Jahre alt datieren.

30 000

beginnen die Menschen, nicht nur einzelne Werkzeuge zu verbessern und neue zu ersinnen, sondern ganze Techniken zu entwickeln, zum Beispiel die systematische Züchtung von Pflanzen und Tieren. Dies führt erst zur *Neolithischen Revolution* (→ 8000 v. Chr.), dann zur Gründung der ersten Städte (→ 7./8. Jahrtausend v. Chr.) und Weltreiche. Vor allem die Erfindung der Schrift (→ 4000 v. Chr.) und des Geldes anstelle des Tauschhandels (→ 3100 v. Chr.) treiben die Entwicklung dieser soziokulturellen Technologien voran.

Damit greifen unsere Vorfahren systematisch in die Evolution ein. (Den Höhepunkt dieser Entwicklung deuten drei Jahrzehntausende später die Spekulationen zu *maschineller Intelligenz* und *künstlichem Bewusstsein* an → 1999 n. Chr. und → 2029 n. Chr.)

10 000 v. Chr.

Bis zu 10 000 Jahre alt sind australische Felszeichnungen der Aborigines, denen man entnimmt, dass es (Vorformen von) Krieg schon damals gab. Hochbegabte haben sich schon früh beim Führen von Kriegen ausgezeichnet; aber auch sonst war das Kriegshandwerk mit seinen Zuliefern immer eine wichtige Domäne der Intelligentesten und Erfindungsreichsten – getreu dem Satz des HERAKLITOS (→ 550 v. Chr.), dass der Krieg der »Vater aller Dinge« sei. Das gilt sowohl für die Raumfahrt und das Internet → 1969, wie für den Computer → 1940 und die Atomenergie, die alle zunächst militärische Entwicklungen waren.

(Wer Nutzen vom Krieg hat beziehungsweise meistens heil davonkommt und wer stets das – oft buchstäbliche – Bauernopfer war? Schon in der Antike [s. der Film *Gladiator*] war hoher militärischer Rang von Vorteil, und die Hölle des Kessels von Stalingrad überlebten 1943 fast alle Generäle [also vermutlich die Hochbegabten], während von den einfachen Mannschaften und Offizieren 95 Prozent ums Leben kamen.)

Das Schachspiel, heute *das* geistige Abenteuer für Hoch- und Höchstbegabte, war (dies sollte man nicht vergessen) im Indien des Mittelalters ein Schulungs-Tool für Offiziere (→ 450).

PLATON zufolge versinkt vor 12 000 Jahren ein mächtiges Inselreich mit einer hoch entwickelten Zivilisation im Meer. Alles, was wir heute über die Vergangenheit der Menschheit wissen, spricht gegen die Existenz einer solchen extrem frühen Hochkultur – ERICH VON DÄNIKEN zum Trotz (→ 1968). Der griechische Philosoph hat diesen (fiktiven) Bericht offensichtlich als Warnung an die Regierenden seiner Heimatstadt Athen formuliert: Sie sollen nicht, wie die mythischen zehn Herrscher von Atlantis, der Hybris anheim fallen und dadurch den Zorn der Götter und den Untergang Athens herbeiführen.

Wir wissen heute, dass es ein anderes Inselreich mit hoher Kultur gleich in der Nähe Griechenlands gab, das tatsächlich untergegangen ist: Teile von Santorin (Thera) fielen einst einem Vulkanausbruch und schrecklichen Erdbeben zum Opfer.

Darüber hinaus gibt es noch ein anderes, ebenfalls historisch verbürgtes Inselreich, auf das Platons Untergangsbeschwörungen zutreffen, wenn auch nur im übertragenen Sinn: Kreta geht zwar nicht physisch unter – aber seine mächtige Zivilisation, Wiege des Abendlandes (→ 2000 v. Chr.), verschwindet fast spurlos. Sie wird vom Rivalenstaat Athen abgelöst (so wie im Labyrinth-Mythos der junge Held und künftige athenische Herrscher THESEUS den kretischen König MINOS indirekt besiegt, indem er den Minotauros tötet).

9 000

Göpekli Tepe in der heutigen Türkei ist die bislang älteste entdeckte Stadt der Welt. Vor 11 000 Jahren bauten Jäger und Sammler in der Südosttürkei ihren Göttern ein Haus. Die Beschreibung deutet auf eine frühe Hochkultur hin – inklusive der Erfindung des rechten Winkels als Innovation.

Um 8 000

beginnen die Hochbegabten eine zunehmend wichtigere Rolle zu spielen, als die Menschen sesshaft werden und die *Kultur der Ackerbauern und Viehzüchter* die der umherstreifenden Nomaden allmählich ablöst. Die Geschichte von KAIN (dem Pflanzer) und ABEL (dem Schafhirten) fasst dieses historische Drama in wenigen Sätzen prägnant zusammen und weist auch auf seinen tragischen, buchstäblich mörderischen Ausgang in vielen Fällen hin. KAIN ist somit der erste in einer langen Reihe von Soziopathen, die einerseits viel Unheil über die Menschen bringen, andererseits durch ihren Ehrgeiz und Größenwahn die kulturelle Entwicklung vorantreiben (vgl. → 3000 v. Chr. und → 14 n. Chr. AUGUSTUS).

Damit beginnt das moderne Zeitalter der Technik, also der bewussten Manipulation der Umwelt und nicht zuletzt des Menschen selbst – wie die bald einsetzende gezielte Planung der Nachkommenschaft bei den ägyptischen Pharaonen und den Adelsgeschlechtern anderer Länder deutlich zeigt.

Im 7./8. Jahrtausend

sind Angehörige des babylonischen Stammes der Chaldäer vermutlich die Ersten, die ernsthaft Traumdeutung betreiben – d.h. sie deuten nicht mehr nur intuitiv, sondern bemühen sich um Überlieferung und um eine gewissermaßen wissenschaftliche Durchdringung der Traumwelt. Nach ihnen werden die Traumdeuter Babyloniens *Chaldäer* genannt. Sie werden sogar in der Bibel als Traumkundige erwähnt.

Gründung der frühen Städte *Catal Hüyük* (Anatolien) und *Jericho* (Palästina).

Um 6 000

In einem Massengrab in China werden zugleich mit den Leichen Schildkrötenpanzer begraben. Auf diesen entdeckt man im Jahr 2002 elf Zeichen. Diese werden inzwischen als erste Zeichen einer Schrift interpretiert; wenn dies zutrifft, würde das die Erfindung der Schrift mit einem Schlag um zwei Jahrtausende vorverlegen, weit vor die bislang in Mesopotamien vermuteten Wurzeln des Schreibens (*Spektrum* Juli 2003, S. 40).

Weil man weiß, dass Schildkrötenpanzer als Vorläufer des *I Ging*-Orakels dienten und dem legendären Ur-Kaiser FU-HSI (→ 2700 v. Chr.) sowohl die Erfindung der chinesischen Schrift als auch das *Buch der Wandlungen* (*I Ging*) zugeschrieben werden, lassen sich hieraus interessante Schlüsse auf die Anfänge der chinesischen Hochkultur ziehen – der ältesten, die heute noch auf der Erde existiert.

Ab dem 6. Jahrtausend

entsteht im griechischen Bereich der Kult des ASKLEPIOS mit seinem Haupttheiligtum in Epidauros: Kranke kommen zum *Inkubationsschlaf* in den Tempel, wo sie sich Reinigungsriten unterziehen und so lange schlafen, bis sie von einem bedeutsamen Traum heimgesucht werden. Man glaubt, dass entweder der Traum selbst heilt oder dass er Hinweise zur Behandlung der Krankheit gibt. Diesen Brauch, eine der frühesten Wurzeln jeder tiefenpsychologischen Psychotherapie (→ 1895), findet man zum Teil noch heute in griechischen Heiligtümern wie *Tinos*.

Beginn der Hochkulturen

Am Beginn der Hochkulturen steht jeweils eine eindrucksvolle Gestalt. Sie ist göttlicher oder halbgöttlicher Natur, männlichen Geschlechts und dennoch dem (weiblichen) Prinzip des Mondes zugeordnet.

Wahrscheinlich verkörperte in der Frühzeit des Matriarchats die *starke* Sonne das weibliche Prinzip und der Mond (als das deutlich *schwächere* Himmelslicht) das männliche. Der deutsche Sprachgebrauch zeigt dies noch deutlich, während zum Beispiel im Französischen »le soleil« die Sonne männlich präsentiert, »la lune« entsprechend weiblich den Mond (altdeutsch »Der Sonn« und »Die Mondin«). Die erwähnten Traum-Götter deuten auf eine Zeit des Übergangs zwischen diesen beiden Lebensformen hin.

Diese Gottheit ist sowohl für die Träume zuständig als auch für die Erschaffung der Schrift! Das ist sicher kein Zufall, denn Träumen und Schreiben sind, was die kreativen Wurzeln betrifft, sehr eng verwandt.

Im germanischen Bereich ist es ODIN/WOTAN (der am Weltenbaum hängend die Runen erschuf); in Ägypten der ibisköpfige THOTH (dem die Erfindung der Hieroglyphen zugeschrieben wird); in China der weise Urkaiser FU-HSI, der mit dem Orakel des *I Ging* der Überlieferung nach das älteste erhalten gebliebene Buch der Menschheit geschrieben hat.

Diese (Halb-)Götter repräsentieren auch den Übergang von der Kultur der Jäger, Fischer und Sammler in den ersten ein bis zwei Millionen Jahren der Menschheitsgeschichte (die im Zeichen der *Großen Mutter*, des Schamanismus und der *Traumzeit* standen) zur nächsten Kulturstufe: Um 8000 v. Chr. beginnt die Epoche der Ackerbauern und Viehzüchter, der bald die Kulturen der Städtebauer folgt (der biblische Brudermörder KAIN gehört zu ihnen). Mit der Sesshaftwerdung in Göpekli Tepe, Jericho, Catal Hüyük und anderswo beginnt auch das Patriarchat seine Herrschaft zu festigen. Den Menschen jener frühen Zeit war der Unterschied zwischen dem *Innen* und dem *Außen* ihrer Existenz – ähnlich wie Kindern – wahrscheinlich gar nicht oder kaum bewusst. Entsprechend werden sie zwischen Wachen und Träumen nicht so deutlich unterschieden haben wie wir. Noch heute sprechen die australischen Ureinwohner, die Hopi-Indianer und die malaysischen Senoi von der *gewöhnlichen Zeit* und der *Traumzeit*. Sie kennen also den Unterschied – trennen aber diese beiden Zeitdimensionen nicht so radikal wie wir, sondern leben gewissermaßen in beiden zugleich, was sich besonders in ihrer hohen Wertschätzung von Träumen und deren Beachtung für das tägliche Leben zeigt. Das Auftreten der patriarchalen Urgestalten eines FU-HSI, MORPHEUS, ODIN und THOTH markiert die neue Bedeutung, die der Traumwelt nun im veränderten Bewusstsein des Patriarchats zukommt.

Dies ist die Epoche, in welcher auch der Aufstieg der (männlichen) Hochbegabten zu den führenden Schichten (Eliten) der neuen Städte und Reiche beginnt. Ihre Leistungen waren, verglichen mit denen der durchschnittlich begabten Angehörigen einer Bevölkerung, offenbar so beeindruckend, dass man ihnen – spätestens nach ihrem Tod – den Status von Gottheiten zusprach: »Zwei Drittel Gott – ein Drittel Mensch«, heißt es von GILGAMESCH in dem nach ihm benannten Epos. Und vielleicht waren ja die Kulturheroen FU-HSI, MORPHEUS, ODIN und THOTH zu ihren Lebzeiten auch nichts anderes als besonders tüchtige *Geistesriesen* (wie man solche Menschen nicht zufällig nennt)?

Altertum

Um 4000 v. Chr.

entstehen in Mesopotamien (dem heutigen Irak) die Keilschrift und eine Fülle schriftlicher Überlieferungen, entwickelt sich zugleich Wissenschaft im modernen Sinn. Auch dort werden nun Städte gebaut (→ 2600 v. Chr.: GILGAMESCH).

Jetzt entstehen die Hochkulturen, die man auch als Hochbegabten-Kulturen bezeichnen könnte; Lesen/Schreiben, Zeichnen und Rechnen sind ihre wichtigsten geistigen Werkzeuge. Jetzt werden diese besonders talentierten Menschen an allen Ecken und Enden der entstehenden Straßen- und Häuser-Labyrinthe gebraucht. Nun ist nicht mehr allein körperliche Kraft zur Durchsetzung gefragt – immer mehr geht es um geistige, seelische und soziale Qualitäten, vor allem um die Fähigkeit, möglichst gut vernetzend zu denken und zu handeln.

Um 3300 v. Chr.

stirbt am Similaun-Gletscher ein etwa 40-jähriger Mann. 5300 Jahre (→ 1992) später wird seine Mumie entdeckt und löst eine der intensivsten wissenschaftlichen Tätigkeiten aus, bei der sich ein halbes Hundert Institute aller möglichen Forschungsdisziplinen vernetzen.

Manche Forscher vermuten auf Grund der bei ihm gefundenen Utensilien, dass der Tote ein Medizinmann war.

Um 3100 v. Chr.

kommen in Ägypten erste Goldbarren als Vorläufer von Münzen in Umlauf. Das Geld wird ab da neben der Schrift (→ 4000 v. Chr.) eines der wichtigsten Werkzeuge für Hochbegabte.

(Lange später, um 1700 v. Chr., wird auch in Mesopotamien Münzgeld eingeführt; die größte Einheit nennt man *Talent*.)

Um 3000 v. Chr.

Mit dem legendären Pharao MENES beginnt die überlieferte Liste der ägyptischen Königsdynastien. Das Reich am Nil ist der erste Großstaat der Menschheitsgeschichte, der ganz auf der Schrift basiert.

Wann die Motive der *Labyrinthiade* erstmals auftreten, bleibt im Dunkel der Frühgeschichte. Wenn dieser Sagenkranz an das etwa 5000 Jahre alte Labyrinth-Symbol geknüpft ist, wäre die Abenteuerreise des THESEUS, seine Liebe zu Prinzessin ARIADNE und sein Kampf mit dem MINOTAUROS die älteste überlieferte Version einer

→ **Heldenreise** und damit der älteste archaische Test auf Intelligenz und Charakter.
  Ich sehe den *Flug des* DAIDALOS als den Anfang der Science Fiction.[6] Das griechische Erfindergenie ist der erste Mensch, der (wenn auch zunächst nur in der Fantasie der Menschen jener Zeit) nach der festen Erde und dem Meer sich einen völlig neuen Bereich erobert: die Lüfte. Kein Wunder, dass ihn die Ingenieure unserer Tage zu ihrem großen Vorbild erheben (und sogar Raumschiffe nach ihm benennen – s. den Film *Space Cowboys*). Ganz anders sein unglückseliger Sohn IKAROS, der abstürzt – ihn haben die Dichter und Künstler zu einer wichtigen Identifikationsfigur erhoben.

Im 3. Jahrtausend v. Chr.

In Ägypten Anfänge des Theaterspiels (OSIRIS-Mysterien), die als frühe kulturelle Umsetzung von Traumerfahrungen betrachtet werden können; in der Folgezeit entsprechend auch erste dramatische Aufführungen in China und Griechenland.
  Da es im Drama stets um die – konfliktreiche – Auseinandersetzung zwischen zwei Aspekten eines Themas geht (Gut und Böse – Protagonist und Antagonist = Held und Widersacher) kann man hier auch die Anfänge einer nicht-linearen Denkweise sehen, die später zu einer bipolaren Philosophie des »sowohl ... als auch« wird (s. auch SHANKARA → 750 n. Chr., ABÄLARD →1121 n. Chr., KANT → 1748 n. Chr.).

2852–2737 v. Chr.

herrscht der Überlieferung nach FU-HSI, der legendäre Urkaiser, über China. Er entwickelt aus dem – weit älteren – *Schildkröten-Orakel* die noch heute vertrauten »Acht Urbilder« des *I Ging*, archetypische Grundsituationen des materiellen Kosmos und der Menschenwelt, die auch zur Grundlage der Traumdeutung werden. Das *I Ging*, das älteste überlieferte Buch der Welt (in jeder Buchhandlung heute noch auch bei uns zu bestellen), gilt als Ur-Modell, wie man Konflikte auflösen kann, indem man sie als Aspekte des unaufhörlichen Wandels der Welt betrachtet.

Um 2780 v. Chr.

wirkt IMHOTEP, der als »erstes Universalgenie der Menschheitsgeschichte« bezeichnet wird. Er ist Baumeister, Gesetzgeber, Arzt und *Weiser* und gilt als Begründer der ägyptischen Zivilisation. IMHOTEP ist zudem Architekt und Baumeister der ersten Pyramide. Als

---

[6] Anders argumentiert BRIAN ALDISS (1973, Kap. 1), der die SF mit MARY SHELLEYS *Frankenstein* beginnen lässt (→ 1816) – seine Geschichte des Genres allerdings ironischerweise mit einer Darstellung vom Sturz des IKAROS eröffnet.

Berater des Königs DJOSER ist er ein typischer Intellektueller ohne eigene Macht – also ein Nachfahre der mythischen Schamanen (der nicht zuletzt deshalb nach seinem Tod zu einer Art Messias hochstilisiert wird) – frühestes Beispiel der Deïfizierung eines realen Menschen (auch → 2600 v. Chr. GILGAMESCH, → 14 n. Chr. AUGUSTUS, → 30 n. Chr. JESUS).

Um 2600 v. Chr.

lebt in *Uruk* (im heutigen Irak) der Herrscher GILGAMESCH. Aufgrund seiner sagenhaften Leistungen (von denen zumindest der Bau der Stadtmauer Realität zu sein scheint – sie ist heute noch aus großer Höhe erkennbar) wird er bald zur Heldenfigur des nach ihm benannten Epos, der ältesten literarischen Schöpfung, die erhalten geblieben ist. Außerdem wird er deïfiziert, d.h. in einen gottähnlichen Zustand erhoben, wie man es mit vielen hoch- und höchstbegabten Führergestalten machte: Er wird beschrieben als »Zwei Drittel Gott, ein Drittel Mensch«.

(Das *Gilgamesch*-Epos entsteht im dritten Jahrtausend v. Chr. und wird ungefähr 1200 v. Chr. erstmals aufgeschrieben. In einer Götterliste, die bald nach 2600 v. Chr. zu datieren ist, wird GILGAMESCH bereits als Gott genannt → SCHMÖKEL S. 122).

Um 2600 v. Chr. entsteht auch das – auf einem ägyptischen Papyrus überlieferte – *Gespräch eines Lebensmüden mit seinem Ba* – eines der frühesten überlieferten Zeugnisse eines Selbsterfahrungs-Prozesses durch Schreiben.

2551–2528 v. Chr.

In Ägypten regiert CHEOPS, der Erbauer der berühmtesten aller Pyramiden (in Gizeh). Solche monumentalen Bauwerke (Stonehenge, Dome und Kathedralen des Mittelalters) dienen mehreren Zwecken: der mystischen Erhöhung ihres Erbauers zu gottähnlicher Größe (Deïfizierung) und zugleich der soziokulturellen Integration des Staatswesens mit seinen vielen heterogenen Gruppen. Es handelt sich hierbei, so bizarr uns heutigen Menschen dies manchmal vorkommen mag, um eine intellektuelle Leistung höchsten Grades.

Um 2500 v. Chr.

entstehen die ersten Keilschrift-Dokumente, die man im 20. Jahrhundert in einer Tontafel-Bibliothek des ASSURBANIPAL zu *Ninive* finden wird.

2400 v. Chr.

Im *Papyrus Lansing* preist ein ägyptischer Schreiber seinen Beruf: »Das Schreiben – für den, der es versteht, ist es nützlicher als jedes Amt/ es ist angenehmer als Brot und Bier, als Kleider und Salben/ es ist glückbringender als ein Erbteil in Ägypten und als ein Grab im Westen.« (BRUNNER 1957)

Um 2100 v. Chr.

werden zwei Träume des Fürsten GUDEA VON LAGASCH aufgezeichnet, die vor allem deshalb interessant sind, weil der erste Traum die Aufgabe hat, den zweiten (großen) Traum anzukündigen. Diese Traumerzählungen sind in zwei Tonzylinder eingeritzt, die sich heute im Louvre befinden. GUDEA bekommt im Traum den Befehl, einen Tempel bauen zu lassen, und begibt sich daraufhin zum Kultort der NANSCHE, der Göttin der Traumdeutung, um sich für den Auftrag beraten zu lassen.

Kreativitätspsychologisch ist diese Überlieferung hochinteressant, weil sie auf die Bedeutung von Träumen für die kreative Lösung eines – in diesem Fall religionspolitischen – Problems hinweist.

Im frühen zweiten Jahrtausend v. Chr.

werden in Griechenland die Mysterien von Eleusis nahe Athen begründet. Man weiß bis heute nicht, was dort wirklich geschah. Aber da diese Geheimnisse niemals gelüftet wurden (nur im *Goldenen Esel* des APULEUS findet man einige vage Andeutungen), ist zu vermuten, dass die Eingeweihten etwas ungemein Eindrucksvolles[7] erlebt haben, was sie dazu veranlasste, während der zwei Jahrtausende, die der Kult bestand, völliges Schweigen über die wesentlichen Details zu bewahren. (Zum Vergleich: Die angeblichen »Geheimnisse der Freimaurer« wurden schon 40 Jahre nach der Gründung der ersten Loge in London von einem Abtrünnigen publiziert.)

Im 4. Jh. n. Chr. gehen die Mysterien zu Ende. Mehr noch als andere Mysterien-Kulte war der von Eleusis ein geistiger Treffpunkt für Angehörige der Eliten (andere wurden nicht zugelassen) aus dem ganzen Mittelmeerraum.

---

[7] Die glaubwürdigste Hypothese stammt von ALBERT HOFMANN, der das LSD geschaffen hat. Er vermutet, dass die Teilnehmer am Kult der DEMETER (deren heilige Pflanze das Getreide war) einen Trank zu sich nahmen, der eine Art natürliches LSD aus dem Getreide-Schmarotzer Claviceps purpurea enthielt (WASSON 1984). Nur ein potentes Halluzinogen mit seinen psychedelischen (bewusstseinserweiternden) Effekten könnte solch eine intensive und nachhaltige Wirkung erzielen – und würde bruchlos an die Einnahme sakraler Drogen schon in der Schamanenzeit anschließen (→ 100000 v. Chr.).

Im 2. Jahrtausend v. Chr.

wird in Ägypten während des Mittleren Reiches das *Hieratische Traumbuch* niedergeschrieben. Dieser Urtext aller späteren ägyptischen Traumbücher unterscheidet in seiner Auslegung der Träume zwischen guten und schlechten. Erstaunlich modern, beachtet es bei der Deutung auch die Lebensumstände und den Charakter des Träumers.

Um 2000 v. Chr.

datieren die frühesten Anlagen des Palastes von Knossos auf Kreta. König MINOS kann also frühestens damals gelebt haben (wenn er nicht nur eine Sagenfigur war). Als Sohn des Göttervaters ZEUS und der Prinzessin EUROPA kommt ihm selbst ein gottähnlicher Status zu. Er gilt, ähnlich wie HAMMURABI und MOSES, als bedeutender Gesetzgeber und Staatenlenker.

Damals lebt der Überlieferung nach in Athen, später auf Kreta und Sizilien, der sagenhafte Künstler und Erfinder DAIDALOS. Ihm schreibt man nicht nur den Bau des Labyrinths und vieler anderer Erfindungen zu, sondern auch die Konstruktion der ersten künstlichen Menschen. So soll er den Apollontempel in Cumae nicht nur erbaut, sondern auch mit Bildern ausgeschmückt haben, die seine Lebensgeschichte erzählen. (Dies wäre zugleich ein exzellentes Beispiel für frühes Selbst-Marketing!) Man betrachtet ihn aber auch als Hersteller hölzerner Bildnisse in Griechenland und auf Sizilien, die zum Teil bewegliche Augen und Arme haben und laufen können. Das kommt der frühesten Darstellung eines Roboters schon sehr nahe – nur eben aus Holz und nicht aus Metall (→ 1922 ČAPEK).

Um 1600 v. Chr.

entsteht die »Himmelsscheibe von Nebra«. Der Fund dieser erstaunlichen astronomischen Darstellung in Form eines Schmuckstücks aus der Frühzeit Germaniens löst im Jahr 2002 n. Chr. eine Sensation unter den Archäologen aus – hatte man doch nicht mit dem Existieren einer so früh bereits derart hoch entwickelten Kultur im nördlichen Europa gerechnet.

Um 1500 v. Chr.

dringen arische Völker nach Indien ein. Im *Rig Veda* sind die Hymnen ihres Soma-Kults aufgezeichnet, der vermutlich um Drogenerfahrungen mit dem Fliegenpilz kreist und mythische (*große*) Träume zum Inhalt hat – wie bei allen Hochkulturen.

Wahrscheinlich löst bald darauf der Yoga den Rauschkult ab; Zielsetzung des neuen asketischen Kults ist es, *Samadhi* zu erreichen: also in den *Dritten Bewusstseinszustand* des Tiefschlafs (nach wachem Tagesbewusstsein und Traum) mit vollem Bewusstsein einzutauchen. Dies kann man auch als eine Art Training zur Steigerung des Bewusstseins und letztlich auch von Intelligenz und Kreativität verstehen.

Nach 1500 v. Chr.

Nach der Mitte des zweiten Jahrtausends v. Chr. entsteht auf Kreta der *Dionysos-Kult*, mit dem ARIADNE (erst Geliebte des THESEUS → 2000 v. Chr. dann Gattin des DIONYSOS) eng verbunden ist. Wie andere Mysterienkulte (z.B. der von Eleusis → 700 v. Chr.) war er vermutlich eine regelmäßige Versammlung der Angehörigen der Elite, die sich außer ihrer politischen und wirtschaftlichen Verflechtung auch noch eine religiöse Verbindung schuf.

Um 1400 v. Chr.

Erste überlieferte schriftliche Erwähnung eines *Labyrinths* auf einem mykenischen Steintäfelchen, das → 1900 in Knossos gefunden wird, mit kretischer Schrift in Linear B.

Aus unbekannten Gründen erlischt damals die minoische Kultur auf Kreta. Die Hauptstadt Knossos wird zerstört. (Bei diesem Brand wird vermutlich das erwähnte Labyrinth-Täfelchen gehärtet.) Die älteste auf Schriftlichkeit basierende Kultur Europas verschwindet.

In der Hafenstadt Ugarith entsteht das erste lautschriftliche Alphabet, das 200 Jahre später über die Phönizier im ganzen Mittelmeerraum verbreitet wird.

Etwa zur selben Zeit entsteht aus älteren Orakelzeichen in China das erste *Schrift*system auf der Basis von zunächst rund 2500 Silbenzeichen, die nach und nach auf die heute bekannten 50000 Zeichen anwachsen. (Vgl. → 6000 v. Chr.)

Um 1350 v. Chr.

führt ECHNATON in Ägypten vorübergehend den Monotheismus ein, mit der Sonne (Ra) als symbolischer Präsenz. ECHNATON ist einer der ersten historisch verbürgten Hochbegabten (auch → 2780 v. Chr.: IMHOTEP). Er zwingt die Ägypter, ihren alten Göttern abzuschwören und nur noch an den »einen Gott« zu glauben. Aber nach seinem Tod wird dieser Glaube von der alten Priester-Elite wieder ausgelöscht.

Erst MOSES gelingt es um → 1300 v. Chr., das jüdische Volk im Zeichen des »einen Gottes« zu vereinen.

Um 1300 v. Chr.
führt MOSES das jüdische Volk aus der ägyptischen Gefangenschaft (was allerdings nur im *Alten Testament* überliefert wird) und führt den Monotheismus dauerhaft ein. Es ist ein Glaube, der auf der schriftlichen Fixierung in einem Buch (der *Thora* und ihren späteren Auslegungen) basiert sowie den darin verzeichneten *Zehn Geboten* und vielen daraus abgeleiteten Vorschriften. Verglichen etwa mit dem Hinduismus, ist es eine sehr intellektuelle, auf Vernunft gegründete Religion. Deshalb bezeichnet man die Juden auch als die *Kinder des Buches* und ihren Glauben als Gesetzesreligion. Diese neue Gottesvorstellung wird zur Grundlage dreier Hochreligionen: Judentum, Christentum und Islam.

Um 1250 v. Chr.
RAMSES II., der Große (1290–1224 v. Chr.) verewigt sich angeblich »in 1000 Söhnen« – charakteristisches Verhalten eines Herrschers, der bewusst die eigenen Gene zur Bildung einer neuen Elite einsetzt – also eine Art Menschenzüchtung betreibt (ohne von deren modernen naturwissenschaftlichen Grundlagen Kenntnis zu haben, wie sie → 1997 der Film *Gattaca* thematisiert). Dies ist typisch für alle Adelsgeschlechter und Eliten überall auf der Welt. So ein Verhalten ist im Sinne der menschengesteuerten Evolution äußerst zweckvoll – allerdings zum Nachteil gegenüber allen rivalisierenden oder nachfolgenden kommenden Talenten und allen Normalbegabten sowieso.

Um 1200 v. Chr.
Intelligenz-Tests sind bereits in früheren Zeiten zumindest als Idee bekannt. Wahrscheinlich wird auch woanders etwas in der Art praktiziert, wie die Israeliten ihre besten Kämpfer auswählen:
»Der Herr aber sprach zu GIDEON: Des Volks ist zu viel, das mit dir ist ... So lass uns ausrufen vor den Ohren des Volkes und sagen: ›Wer blöde und verzagt ist, der kehre um und hebe sich alsbald vom Gebirge Gilead.‹ Da kehrten des Volks um zweiundzwanzigtausend, dass nur zehntausend übrig blieben ...« (Buch der Richter, Kapitel 7, Vers 2–7).
  Nach dieser ersten Auslese unter dem Aspekt der Motivation, kommt ein zweiter Test, bei dem GIDEON prüft, wie die Männer Wasser lecken: direkt mit dem Mund, wie es Hunde tun, oder mit der Hand schöpfend. Mit letzteren, gerade noch 300 Männern, zieht GIDEON dann erfolgreich in die Schlacht. HOFSTÄTTER (1957, S. 325) interpretiert dies als Test der Selbstbeherrschung

Im 9. bis 2 Jh. v. Chr.
werden die – in der mündlichen Überlieferung viel älteren – Bücher

des Alten Testaments (Thora) schriftlich fixiert. Der Verlust des Heimatlandes durch die verschiedenen Vertreibungen der Juden aus Palästina und vor allem die Deportation der intelligenten und gebildeten Oberschicht 724 v. Chr. durch die Assyrer haben diese Schriften zum Kern der jüdischen Identität gemacht (auch → 1300 v. Chr.).

Im 8. Jh. v. Chr.

lebt der griechische Dichter HOMER. Mit seiner Gestalt des *listenreichen* ODYSSEUS stellt er einen neuen Typ des hochbegabten Herrschers und Abenteurers vor, der seine Existenz sehr individualistisch gestaltet und sich nicht scheut, sogar den Göttern zu trotzen. Zur Strafe für diese Hybris lässt Meergott POSEIDON ihn zehn Jahre durch die Welt des Mittelmeers irren – die sprichwörtlich gewordene *Odyssee*. Der Sagenheld ernennt seinen adligen Untertan MENTOR zum Beschützer und Lehrmeister des eigenen Sohnes TELEMACH und schafft damit das Vorbild für das, was in der Moderne als *Mentoring* bezeichnet wird: die Begleitung eines hochbegabten jungen Menschen bei der Entfaltung seiner/ihrer Talente.

(Im Januar 2004 ergibt eine Internet-Recherche mit der Suchmaschine *Google* für das Stichwort »Mentoring« 1,54 Millionen Hits und für »Mentor« deren 2,67 Millionen!)

669 v. Chr.

kommt in Assyrien mit ASSURBANIPAL ein Herrscher auf den Thron, der – anders als seine kriegerischen Vorgänger – mehr Gelehrter als Machthaber ist. Er lässt in Ninive (heute Irak) eine gewaltige Bibliothek von 20 000 Tontafeln mit dem Wissen und der Literatur der damaligen Welt zusammentragen.

Um 525 v. Chr.

entwickelt der Philosoph und Mathematiker PYTHAGORAS VON SAMOS Lehrsätze in Geometrie und Astronomie und entwirft eine Musiktheorie (*Harmonie der Sphären*).

544–483 v. Chr.

HERAKLITOS von Ephesos lehrt die Bedeutung des Ur-Elements Feuer und hinterlässt in seinen orakelhaften *Fragmenten* einige tiefgründige Aussagen über die Wach- und die Traumwelt.

»Ich durchforschte mich selbst« – das klingt wie ein frühes Bekenntnis zu Selbsterfahrung und Psychotherapie und wie der Uranfang einer Psychologie aufgrund von Selbstbeobachtung (s. hierzu auch das noch weit ältere Zeugnis des »Lebensmüden« → 2600 v. Chr.). Das bedenkenswerte Resultat seiner Studien:

»Der Seele Grenzen kannst du nicht ausfinden, auch wenn du gehst und jede Straße abwanderst; so tief ist ihr Sinn.«

Den *Träumen* misst Heraklitos nur eine Bedeutung für den Träumer selbst bei; eine sehr rationale Einstellung, die der von SIGMUND FREUD → 1895 sehr nahe kommt.

Um 556 v. Chr.

wird SIDHARTA GAUTAMA geboren. (Er stirbt 476 v. Chr.) Später nennt man ihn *Buddha*, d.h. der Erleuchtete. Seine Lehre verbreitet sich von Indien bald über ganz Asien (auch → 260 v. Chr. ASHOKA). Nur in Indien wird die neue Religion später durch den ursprünglichen Hinduismus wieder zurückgedrängt.

Um 444 v. Chr.

schreibt der griechische Forscher HERODOTOS (485–424 v. Chr.) sein Geschichtswerk, das ihn zum bekanntesten und ersten Historiker der Antike machte. Seine Schriften gehören zu den wichtigsten Überlieferungen aus jener Zeit, obwohl sie neben vielen richtigen Beobachtungen auch manchen Aberglauben transportieren.

469–399 v. Chr.

Der *weise* SOKRATES gilt als Vorbild des klugen Menschen, der seine hohe Intelligenz nicht nur zum eigenen Vorteil einsetzt, sondern um verantwortungsvoll seinen Mitmenschen zu dienen. Er macht sich mit seinen eigenwilligen Vorstellungen nicht nur Freunde und wird deshalb schließlich als »Verderber der Jugend« von den Athenern zum Tod verurteilt.

In den Träumen sieht er göttliche Mahnungen und beginnt auf ihr Geheiß noch in seinen letzten Lebenstagen zu dichten, ehe er den tödlichen Schierlingsbecher trinkt.

Um 400 v. Chr.

beschreibt der griechische Philosoph PLATON (Athen 427–347 v. Chr.) in seiner Utopie vom idealen *Staat* ein System von Prüfungen für die Wächter, welche für den Bestand und das Funktionieren dieses Gemeinwesens sorgen sollen. Im Verlauf dieses Auswahlverfahrens werden die Krieger auf verschiedenen Altersstufen in Situationen versetzt, in denen Selbstdisziplin, Mut, Unbestechlichkeit und nicht zuletzt ihre Intelligenz geprüft werden.

Sein Atlantis-Mythos (→ 10000 v. Chr.) weist auf die Gefahr der Hybris hin, welcher gerade Führer der Eliten ausgesetzt sind.

PLATON glaubt auch, dass Träume den Menschen befähigen, durch intuitive Erinnerung den Ursprung der göttlichen Ideen und seinen eigenen Ursprung zu schauen. Als Vorläufer FREUDS meint er, dass Träume unsere Triebnatur offenbaren.

Um 350 v. Chr.

entwickelt der griechische Philosoph ARISTOTELES (384–322) seine Spekulationen über die Aussagekraft des menschlichen Gesichts (Physiognomik) in punkto Intelligenz und Begabung (auch → 1650 DELLA PORTA und → 1775 LAVATER.)

260 v. Chr.

Kaiser ASHOKA (290–232 v. Chr.) bekehrt sich zum Buddhismus. Dies ist eine der erstaunlichsten Persönlichkeitswandlungen eines Herrschers; denn zuvor hatte der indische Regent in einem schrecklichen Krieg gegen das Nachbarland Kalinga an die 100 000 Menschen töten lassen. Aber nach seiner Bekehrung verwandelt er sein Reich in eine Oase des Friedens, durch das »eine Jungfrau mit einer Schale Silbermünzen auf dem Kopf« unbehelligt von einem Ende zum anderen gehen kann.

Solch benevolentes Verhalten gegenüber dem eigenen Volk und soziopathische Züge gegenüber unerwünschten Minderheiten sind oft kaum zu trennen (vgl. ATATÜRK → 1920 und den Antisemitismus von LUTHER → 1513 und ERASMUS VON ROTTERDAM → 1516).

Zeitenwende bis Mittelalter

14 n. Chr.
stirbt OKTAVIAN, genannt AUGUSTUS (der Erhabene), erster römischer Kaiser. 63 v. Chr. geboren, ist er äußerst erfolgreich als Feldherr, Politiker und Ideologe, dem es nach anfänglichen Gräueltaten und Massenmorden gelingt, das Römische Reich aus einer Militärdiktatur in eine halbwegs menschliche Monarchie zu überführen. Er wird nach seinem Tod bald zur Gottheit erhoben (deïfiziert). Die Historiker sind sich jedoch einig, dass er seinen Zeitgenossen einen ungeheuren Blutzoll für diese Leistung abverlangte und selbst in Grandiosität und Rücksichtslosigkeit schwelgte: ein »benevolenter Soziopath«, könnte man sagen.

Um 30
Das Todesjahr (Kreuzigung) von JESUS, dem Stifter des Christentums, wird in vielen Berechnungen auf das Jahr 30 n. Chr. angesetzt. Er ist wohl die einzige Persönlichkeit früherer Epochen, die zu einem göttlichen Status erhoben (deïfiziert wird), obwohl sie (anders als → 2780 v. Chr. IMHOTEP, → 2600 v. Chr. GILGAMESCH und → 14 n. Chr. AUGUSTUS) nicht aus der Führungselite stammt und zu Lebzeiten keine auffälligen Leistungen vollbringt. Schon dem Zwölfjährigen werden jedoch – bei einem Auftritt im Tempel vor den Schriftgelehrten – typische Merkmale eines Hochbegabten zugeschrieben: eine ungewöhnliche Gelehrsamkeit.
Letztlich ist, historisch gesehen, die Gestalt des Religionsstifters »JESUS CHRISTUS« ein Produkt der Bemühungen des Apostels PAULUS (der ihm selbst leibhaftig nie begegnet ist) und der anderen Anhänger und Apostel jener Tage. Dies spricht jedoch durchaus für die reale Existenz des JESUS VON NAZARETH – denn ohne einen realen historischen Kern in seiner Person wäre das Christentum kaum Realität geworden.

38
Im August widerfährt in Alexandria der jüdischen Bevölkerung das erste historisch gesicherte Pogrom. Es ist nicht die früheste Manifestation von Antisemitismus. (Zu ähnlichen, wenngleich nicht so tödlichen Hasswellen kam es bereits kurz nach der Regentschaft ALEXANDERS DES GROSSEN, den die Juden von Jerusalem finanziell unterstützt hatten.) Aber sie zeigt jenen Grad an Eskalation, der sich in vielen Explosionen durch die folgende Geschichte zieht, bis hin zur *Endlösung*, welche HITLER und seine Helfershelfer während des Drit-

ten Reichs anstreben: die totale Vernichtung dieser fälschlich als *Rasse* bezeichneten Menschengruppe, welche man besser als »religiös fundierte Schicksalsgemeinschaft« bezeichnen sollte.

Es werden viele Gründe für den Antisemitismus genannt, allen voran der eigene Glaube der Juden, vor allen anderen Völkern der Erde »von Gott auserwählt« zu sein. So etwas hat von denen, die bei dieser Auswahl zurückgesetzt werden, niemand gern. Psychoanalytiker haben, FREUD allen voran (1939), viele weitere Gründe wie unbewusste Eifersucht und Neid herausgearbeitet. Auch religiöse Gründe werden genannt (»Christusmörder«).

Nicht unterschätzen sollte man jedoch (und deshalb führe ich dieses Thema hier an) den Neid auf die intellektuelle Überlegenheit vieler Juden und die damit verbundenen materiellen wie geistigen Erfolge. Dies ist nicht nur Fantasie und unbewusste Projektion von zu kurz Gekommenen, sondern hat ganz reale Ursachen in der uralten Tradition der Juden, ihre Hochbegabten gezielt zu fördern und dem eigenständigen Denken eine große Rolle zuzuordnen (→ 70 und → 219). Nicht umsonst sind etwa 40 Prozent der Nobelpreisträger, insbesondere in den naturwissenschaftlichen Disziplinen, jüdischer Herkunft, obgleich der Anteil der Juden an der Weltbevölkerung gegen ein Promille tendiert. Die drei Namen, welche man mit den wohl größten Innovationen des 20. Jahrhunderts verbindet, gehören Juden: ALBERT EINSTEIN (Physik → 1915), SIGMUND FREUD (Psychologie in vielen Facetten und psychosomatische Medizin → 1895) und KARL MARX (Wirtschaft und Politik → 1867).

MURRAY und HERRNSTEIN (→ 1994, S. 275) zufolge haben unter den von ihnen auf ihre Intelligenz untersuchten Bevölkerungsgruppen Nordamerikas die Juden (insbesondere die aus Europa stammenden Ashkenasi) den höchsten Intelligenzquotienten. Bei aller Kritik an der niedrigen Einstufung der Afroamerikaner durch diese Autoren – ihre positive Platzierung der Juden hat vieles für sich.

70

werden Jerusalem und das jüdische Reich von den Römern zerstört. Im Anblick des Untergangs gründet der Rabbi JOCHANAN BEN SAKKAI in Jabne nahe Jerusalem eine Schule, die zum Zentrum der jüdischen Geistigkeit und ihres Überlebens in der Zerstreuung des Volkes über die ganze Erde werden sollte.

Um 100

entsteht die älteste bis heute bekannte Fassung der *Labyrinthiade*. Sie stammt von dem griechischen Philosophen und Historiker PLUTARCHOS (um 50 bis um 125 n. Chr.) und zentriert sich um die Heldenreise

des athenischen Prinzen THESEUS, der König werden möchte. Auch die anderen Figuren und Erzählstränge dieser komplexen Geschichte haben unser europäisches Bewusstsein nachhaltig geprägt:
Prinzessin ARIADNE (Tochter des Königs MINOS) und ihr *roter Faden*, der sprichwörtlich geworden ist; das stierhäuptige Ungeheuer MINOTAUROS; der geniale DAIDALOS, Urvater aller Erfinder und Ingenieure; sein unglückseliger Sohn IKAROS. Das Symbol des *Labyrinths* (mit dem eigentlich fast immer ein Irrgarten gemeint ist!) findet man in beinahe jedem Roman und fast jeden Tag in einem Artikel der Zeitung, wenn es darum geht, eine komplizierte und verwirrende Situation zu charakterisieren.

219
gründet der Rabbi ABBA AREKA im babylonischen Sura für die Juden in der Diaspora eine Lehrstätte, die zur ersten echten Volkshochschule der Welt wird, an der das ganze jüdische Volk teilhat. Auf dieser und ähnlichen Gründungen basiert das hohe Niveau der Bildung und eine Förderung der (Hoch-)Begabten im jüdischen Volk, die einzigartig auf der Welt ist.

3. Jh.
KONSTANTIN DER GROSSE (285–337) erhebt angeblich aufgrund eines Traumes das Christentum zur Staatsreligion: »In diesem Zeichen wirst du siegen«, wird ihm darin gesagt – und er gewinnt tatsächlich vor Rom eine Schlacht gegen einen hoffnungslos überlegenen Gegner.
Auch hier werden – wie bei LEGAS (→ 2100 v. Chr.) Träume bereits als Quelle kreativer Einfälle genützt. (Ähnlich sind die Traumdeutungen, die der biblische JOSEPH seinem Pharao anbietet, intelligente und innovative Interpretationen komplexer soziokultureller Entwicklungen.)

Um 450
Hochbegabte haben sich schon früh beim Führen von Kriegen ausgezeichnet (→ 10000 v. Chr.). Der Münchner Indologin RENATE SYED zufolge ging das Schachspiel um 450 n. Chr. aus indischen Kriegsübungen hervor (*Spiegel* vom 29.04.2002).

622
Der Prophet MOHAMMED (570–632) ist zunächst ein gebildeter, des Lesens und Schreibens kundiger und viel gereister Kaufmann. In der Lebensmitte beschäftigt er sich zunehmend mit religiösen Fragen und wird aufgrund von Offenbarungen (die er im Traum erhält) zum

Gründer des Islam. 622 wird er aus Mekka vertrieben und flieht nach Medina. Diese als *Hedschra* bezeichnete Flucht und die folgende triumphale Rückkehr nach Mekka wird zum Vorbild für die späteren Pilgerreisen seiner Anhänger nach Mekka und markiert den Beginn der Islamischen Ära. Mit dem Aufkommen dieser neuen Religion beginnen Jahrhunderte währende kriegerische Auseinandersetzungen mit den christlichen Ländern.

Um die Wende zum dritten Jahrtausend erweitert HUNTINGTON diesen schwelenden Konflikt zu apokalyptischen Dimensionen (*Clash of Civilizations* → 1996). Die Ereignisse des 11. September →2001, die von fundamentalistischen Moslems gesteuert und durchgeführt werden, scheinen dies zu bestätigen.

Um 750

schlägt der indische Philosoph SHANKARA (1. Hälfte des 8. Jh.) eine Lösung des *Universalienstreits* vor, zu der im Abendland erst → 1121 ABÄLARD gelangen wird und lange nach diesem KANT (→ 1784): dass nämlich beide Ansichten zutreffen und auf einer höheren Ebene intellektuell vereinigt werden sollten: Sowohl die unserer Wahrnehmung zugänglichen Erscheinungen seien real (in Indien als *brahman* bezeichnet) als auch die Auffassung, dass dies alles nur Schein (*maya*) sei und letztlich nur die »Dinge hinter den Dingen« existieren. SHANKARA bezeichnet diese höhere Sichtweise, die beides vereint, ohne die jeweils andere Auffassung zu negieren, als *Zweiheitlosigkeit*.

870

Schon im 2. Jh. v. Chr. taucht in mathematischen und astronomischen Texten der Griechen ein kreisförmiges Lückenzeichen auf – die spätere *Null*. Jede höhere mathematische Berechnung ist unmöglich ohne sie. Historisch gesichert ist die Null auf einer Tempelinschrift im indischen Gwalior aus dem Jahr 870. Sie steht für das indische Wort *sunja* (= »leer«), wandert ins Arabische als *as-sifr* (= »Die Leere«), woraus in Europa das französische *chiffre* und das deutsche *Ziffer* wird und auf einem anderen Weg, über das lateinische *zefirum*, das englische *zero*. Das Wort Null ist entstanden aus dem lateinischen *nulla figura* (»keine Figur«, also »keine Ziffer«). Als Zahl voll anerkannt ist das Zeichen allerdings erst seit dem 17. Jahrhundert – die Mathematiker hatten bis dahin eine geradezu höllischen Respekt vor diesem seltsamen Nicht-Ding und der dadurch symbolisierten Leere.

Man bedenke, dass das binäre Zahlensystem (auf dem seit der Einführung des Computers ab Mitte des 20. Jh. [→ 1941] zunehmend unsere gesamte Kultur und Gesellschaft basiert) nur aus den beiden Zahlen Null und Eins besteht! Das sollte den Respekt vor dieser Ziffer ebenso kräftig erhöhen wie den Respekt vor den Leistungen der Mathematiker, die so erfolgreich mit ihr jonglieren (→ 1637 FERMAT, → 1720 LEIBNIZ, → 1800 GAUSS, → 1913 ERDÖS, → 1915 EINSTEIN, → 1985 Primzahlen-Zwillinge, → 1994 NASH und WILES).

9. und 10. Jh.

Die islamischen Araber sorgen dafür, dass das Bildungsgut der (griechischen) antiken Philosophen, Naturforscher und Mathematiker bewahrt wird. Vor allem in den Zentren der Gelehrsamkeit von Cordoba und Granada wird dieses kostbare Wissen gepflegt und weiterentwickelt, besonders auf medizinischem und mathematischem Gebiet. (Unser modernes Rechensystem ist ohne die arabischen Zahlen und Rechenkünste – und die von den Indern etablierte Null →870 – nicht vorstellbar.)

Die Rückeroberung der spanischen Halbinsel durch die Christen leitet die Zerstörung auch dieser Traditionen ein und führt zu dem, was – nicht zu unrecht – als »finsteres Mittelalter« bezeichnet wird. Die Vertreibung der maurischen Intelligenzia aus Andalusien (wo Moslems, Christen und Juden einst in bewundernswerter Toleranz zusammenlebten) trägt andererseits wohl dazu bei, dass es im Islam bis heute (2004) noch keine der europäischen *Aufklärung* vergleichbare geistige Befreiungsbewegung gegeben hat, die in der Renaissance begann und im → 17./18. Jh. den unglaublichen Aufschwung der Künste und Wissenschaften im christlichen Bereich einleitet und (→ LUTHER 1513) über Reformation und Entwicklung des Kapitalismus zu der Dominanz der westlichen Industrieländer, allen voran der USA, führt.

1096

Bereits Papst GREGOR VII. plant 1074 einen Kreuzzug zur Rückeroberung Palästinas, das von den Moslems besetzt ist. Papst URBAN ruft am 27. November 1095 offiziell zum Kreuzzug auf, der ein Jahr später dann wirklich stattfindet. Vom Ende des 11. bis zum Ende des 13. Jh. bestimmen die insgesamt sieben Kreuzzüge in weiten Zügen das religiöse Leben und die Politik in Europa sowie die – buchstäblich – verheerende Einstellung des Christentums gegenüber dem Islam. Dass im Schatten dieses Aufbruchs nach Jerusalem auch Pogrome gegen die jüdischen Bevölkerungsteile der beteiligten Länder stattfinden, macht diese Zeit umso mehr zum »finsteren Mittelalter«. Die hochbegabten Führer im weltlichen wie im geistlichen Lager spielen dabei als Antreiber und Verführer eine höchst unrühmliche Rolle und sind die wahren Verantwortlichen für den → 1996 beschworenen *Clash of Civilizations*.

1121

wird der Theologe ABÄLARD (1079–1142) der Ketzerei bezichtigt, weil er die Dreifaltigkeit mittels Vernunft zu ergründen versucht (und nicht aus dem Glauben, wie von der Kirche verlangt). Im *Universalienstreit* tritt er nicht für eine der beiden philosophischen Ansichten ein, sondern nimmt einen übergeordneten Standpunkt ein, den man als »sowohl ... als auch« oder als »bipolares Denken« bezeichnen könnte.

Der eine Standpunkt besteht in der Annahme, es gäbe *Universalien*, die schon immer in der Welt existieren und letztlich deren Substanz ausmachen (vergleichbar PLATONS Konzept von den eingeborenen Ideen), wohingegen die Dinge der Welt illusorisch seien (vergleichbar der indischen Ansicht von der *maya*). Die andere Seite hält die Universalien für illusorisch, hingegen die unseren Sinnen zugängliche Welt als allein existierend (dies ist in etwa der Standpunkt der modernen Naturwissenschaften).

ABÄLARDS umstürzlerische neue Vorstellung ist es, beide als existierend zu erklären. Diese Synthese fasst also zwei bis dahin unvereinbare Gegensätze auf einer höheren Ebene zusammen und eröffnet der Philosophie (und somit auch der Psychologie) völlig neue Perspektiven – ein schönes Beispiel für das *polythematische Denken*, das Hochbegabte auszeichnet.

ABÄLARD greift somit erstmals im europäischen Raum Gedanken auf, die SHANKARA in Indien bereits um → 750 äußerte, und wird zum Vorläufer KANTS → 1784.

1216

wird in der Kathedrale von Chartres das weltberühmte *Labyrinth* mit elf Bögen (31 Teilbögen) ausgelegt – eine erweiterte Variante des klassischen siebenbogigen Labyrinths von Kreta. Das andächtige Begehen der symbolischen Struktur ersetzt den gläubigen Christen des späten Mittelalters die Pilgerreise nach Jerusalem. Diese war nach dem Desaster der Kreuzzüge im 13. Jahrhundert unmöglich geworden. In den vier Ecken des Mosaiks sind die Gestalten der vier Architekten abgebildet

Dieses Mosaik lässt ein Kardinal später entfernen, weil ihn der Lärm der darin spielenden Kinder stört.

1250

Um 1250 existieren in den Familien der islamischen Elite Spaniens geheim gehaltene Anweisungen zur Identifizierung und Förderung von Intelligenz und Begabung des Nachwuchses. Diese maurische Menschenlehre wird später (→ 1575) ins Spanische übersetzt.

Neuzeit

Um 1450
führt GUTENBERG den Buchdruck mit beweglichen Lettern ein. Er revolutioniert damit das geistige Leben der ganzen Welt, denn nun können Bücher preiswert und in hohen Auflagen gedruckt werden und jeder, der seinen Bildungshunger stillen möchte, kann dies tun. Eine soziokulturelle Entwicklung, die dem Aufstieg der hochbegabten Eliten den gewaltigsten neuen Schub seit der Entstehung der Städte (4000 v. Chr.), der Schrift (→ 4000 v. Chr.) und des Geldwesens (3100 v. Chr.) verliehen hat.

1492
CHRISTOPH KOLUMBUS erreicht am 12. Oktober Amerika. Wahrscheinlich ist er nicht der erste Europäer, dem dies gelingt (sogar Chinesen könnten nicht lange vor 1492 die Westküste erreicht haben). Aber er erschließt das Land der Besiedelung in großem Stil – mit allen Vor- und Nachteilen (Letzteres vor allem für die einheimische Indianer-Bevölkerung, die nahezu ausgerottet wird).

Nicht unbedingt die Großtat eines Genies, wie die des KOPERNIKUS → 1543, SIGMUND FREUDS → 1895 oder ALBERT EINSTEINS → 1915. Aber diese gefährliche Seereise, welche die *Santa Maria* eigentlich nach Indien bringen sollte, zeigt Kolumbus als mutigen Hochbegabten, der fasziniert ist von einer Vision und zugleich über ein exzellentes Marketing verfügt, mit dem er sein Vorhaben ans Ziel bringt. Er eröffnet das Zeitalter der großen Entdeckungen und der Neuzeit.

1513
Im Kloster zu Wittenberg hat MARTIN LUTHER (1483–1546) sein *Turmerlebnis*, das als »Geburtsstunde der Reformation« gilt. Dieser Mönch, der eigentlich die Nachfolge seines Unternehmer-Vaters (Besitzer eines kleines Bergwerks) antreten soll, spaltet nicht nur das Christentum, sondern läutet, ohne es zu wissen, die Entwicklung des Kapitalismus ein (so MAX WEBER Anfang des 20. Jh.).

Der Reformator ist ein treffliches Beispiel dafür, wie ein hochbegabter Mensch eine ganze Welt (die des mittelalterlichen Katholizismus) aus den Angeln heben kann, wenn die Zeit reif ist und der innovative Revolutionär sich nicht einschüchtern lässt. Es ist weiterhin ein Beispiel, wie große Geister ihresgleichen (zum Beispiel ERASMUS VON ROTTERDAM → 1516, der sich allerdings 1524 gegen LUTHER wendet, als der Aufruhr in Europa immer heftiger wird) suchen und finden. Und wie dadurch binnen kurzer Zeit ein gewaltiges Netzwerk sich gegenseitig stützender und verstärkender Kräfte und soziokultureller Regelkreise entsteht.

1516

ERASMUS VON ROTTERDAM (1469–1536) wird zum kaiserlichen Rat ernannt – Höhepunkt seiner weltlichen Laufbahn. Diese beginnt vergleichsweise unrühmlich als illegitimer Sohn eines Priesters und mit eigener Mönchszeit. Doch dann schwingt sich ERASMUS zu immer neuen Höhen auf. Hochlöblich vermerken die Historiker seine Versuche, im Streit zwischen den Kaisern MAXIMILIAN I. und KARL V. auf der einen Seite und dem Reformator MARTIN LUTHER auf der anderen zu vermitteln. Seine Bedeutung für die Entstehung des mit seiner Person eng verbundenen *Humanismus* als Grundlage der späteren *Aufklärung* (→ 17./18. Jh.) charakterisiert vielleicht am besten 1734 JOHANNES FABRICIUS: »Erasmus ist das Salz und die Sonne unseres Zeitalters und die Wiedergeburt der Wissenschaft.« Das nimmt ein wenig seltsam aus bei jemandem, der vor allem religiöse Abhandlungen schreibt. Aber in diesen Traktaten äußert sich viel kritisches Gedankengut, mit dem ERASMUS sich bei vielen Zeitgenossen höchst unbeliebt macht – nicht zuletzt mit seinem *Lob der Torheit* (1509), das wie ein Aufruf zu selbständigem Denken wirkt.

(Kein Ruhmesblatt sind – wie bei LUTHER – die krassen antisemitischen Auslassungen des Gelehrten, bei so einem großen Geist nur verständlich aus der *Deformation professionelle* eines christlichen Ex-Mönchs, der mit einem Bein zwar schon in der Neuzeit steht – mit dem anderen aber noch tief im Mittelalter ruht.)

1524

MARTIN LUTHER legt die Mönchskutte ab und heiratet ein Jahr später die ehemalige Nonne KATHARINA VON BORA. Unübersehbar ist der Effekt, den LUTHER auf die Entwicklung der europäischen geistigen Eliten hat, indem er den Zölibat für die Geistlichen der Reformierten Kirche(n) abschafft und – mit bestem Beispiel vorangehend – die lutherischen Pfarrhäuser buchstäblich zur Brutstätte vieler Hochbegabter macht.

Er folgt damit dem Beispiel des Judentums, wo die schriftgelehrten Rabbiner ihre Intelligenz und ihre Begabungen immer schon direkt weitergeben – an ihre zahlreichen Kinder. (In seinem rabiaten Antisemitismus ist LUTHER allerdings auch andere Wege gegangen – hierin wie ERASMUS VON ROTTERDAM noch ganz dem Un-Geist des christlichen Mittelalters verhaftet.)

1572

MICHEL DE MONTAIGNE schreibt den ersten Band seiner *Essais* (dt.: *Versuche*) nieder; Veröffentlichung 1580 in Bordeaux, ergänzt 1586/87 und 1589. Das Werk wird 1676 auf den Index verbotener Bücher der katholischen Kirche gesetzt. (Seit 1999 ist es in einer hochgelobten Neuübersetzung von HANS STILETT wieder vollständig in deutscher Sprache zugänglich.)

MONTAIGNE erfindet hiermit quasi die literarische Form des danach benannten Essay und prägt sie zugleich theoretisch und praktisch. Man kann diese Versuche in ihrer unglaublich modernen Frische (MONTAIGNE nimmt keine großen Rücksichten auf sich selbst und auf andere) zudem als Beginn einer Literatur verstehen, die sich wesentlicher Methoden des späteren *Creative Writing* bedient – allen voran des autobiografischen Zugangs (→ 1909).

1543

stellt NIKOLAUS KOPERNIKUS in seinem – im wahrsten Sinne des Wortes – revolutionären Werk *De revolutionibus ... (Von der Drehung der Erde)* fest, dass sich die Erde und die anderen Planeten um die Sonne drehen. Mit dieser Theorie versetzt er dem Gottesbild seiner Zeitgenossen und ihrem Verhältnis zum Schöpfergott einen mächtigen Stoß.

Der erste Flug von Menschen zum Mond → 1969 ist die technische Krönung dieser wissenschaftlichen Großtat; er wäre ohne KOPERNIKUS' Berechnungen nicht möglich gewesen.

1575

übersetzt der spanische Arzt JOAN HUARTE geheim gehaltene Anweisungen zur Identifizierung und Förderung von Intelligenz und Begabung des Nachwuchses der einstigen maurischen Elite (→ 1250) ins Spanische und macht sie der Öffentlichkeit (sprich: den herrschenden christlichen Eliten) zugänglich.

Um 1600

Im Barock beginnt so etwas wie Hochbegabten-Forschung in den *Curiositäten-Cabinetten* der Fürsten und Bischöfe. (Allerdings hat schon lange vorher der herrschende Adel in allen Völkern gezielte Nachkommen*zucht* betrieben und somit eine Art – intuitiver – Intelligenzforschung und -förderung – s. auch → 1250 v. Chr.)

1601

erscheint die erste Fassung des Dramas um den Königssohn *Hamlet* von Dänemark, mit dem WILLIAM SHAKESPEARE, der geniale Weltenschöpfer, einem bestimmten Typ des Hochbegabten ein Denkmal setzt (wie später Goethe mit seinem *Faust* → 1808 einem ganz anderen Gegentyp): dem zwar nach Erkenntnis und Aktivität strebenden, aber zugleich davor zurückweichenden Zauderer.

SHAKESPEARE (1564–1616) ist der bedeutendste europäische Dramatiker und gilt als eines größten Genies der Menschheit.

1637

Der französische Mathematiker FERMAT findet kurz vor seinem Tod auf intuitivem Weg die Lösung eines mathematischen Problems und kritzelt diese an den Rand eines Buches, kann den Beweis aber selbst nicht mehr ausführen. 358 Jahre ist die Fachwelt fasziniert und versucht, diese rätselhafte Hinterlassenschaft von »Fermats letztem Satz« zu entschlüsseln. Doch dies gelingt erst → 1994 dem britischen Mathematiker ANDREW WILES.

Dessen Landsmann SIMON SINGH, Physiker und Wissenschaftsjournalist, stellt in einem exzellent geschriebenen Sachbuch → 1997 diese spannende Geschichte dar und macht daraus einen Bestseller.

(Andere mathematische Genies und Höchstleistungen: → 1720 LEIBNIZ, → 1800 GAUSS, → 1913 ERDÖS, → 1915 EINSTEIN, → 1985 Primzahlen-Zwillinge, → 1994 NASH).

Um 1650

schreibt GIOVANNI BATTISTA DELLA PORTA über die Bedeutung der menschlichen Physiognomie und über die Schlussfolgerungen, welche man daraus für die Intelligenz und Begabung des Beobachteten ziehen könne. Solche – letztlich fruchtlosen – Spekulationen findet man bereits um → 350 v. Chr. bei ARISTOTELES und später wieder bei LAVATER (→ 1775).

Im 17. und 18. Jh.

entsteht in Europa eine geistig-philosophische Bewegung, die nachhaltige Wirkungen auf die ganze Gesellschaft und insbesondere die Wissenschaften hat: die *Aufklärung*. Wurzelnd im Humanismus eines ERASMUS VON ROTTERDAM (→ 1516) und mit noch weiter zurückreichenden Quellen in der griechischen Antike (→ 469 v. Chr. SOKRATES, → 400 v. Chr. PLATON, → 350 v. Chr. ARISTOTELES), beruht sie auf Skepsis und Zweifel an den überkommenen Traditionen und Lehren und wird dadurch zum Motor der kommenden Reformen und Revolutionen auf vielen Gebieten (eine Entwicklung, welche der Islam und andere religiöse Bewegungen vermeiden, wodurch deren frühere zivilisatorischen Hochleistungen – u.a. in Medizin und Mathematik – bald überholt werden).

Die systematische Erfassung des menschlichen Denkens und Wissens beginnt (→ 1751 *Enzyklopädie*) und methodische Vorgehensweisen werden in die (Natur-)Wissenschaften eingeführt: eine Spielwiese und zugleich auch neue Einnahmequelle für viele bis dahin chancenlose oder vom Wohlwollen der Mächtigen abhängige Talente.

Diese neue Weltsicht beflügelt die Demokratiebestrebungen auf der ganzen Welt enorm, weil sie hilft, die überkommenen Machtstrukturen des Absolutismus in ihrer Allianz mit der jeweiligen Staatsreligion allmählich aufzuweichen. Neuen Eliten wird so der Aufstieg möglich.

In Deutschland wird paradoxerweise LEIBNIZ (→ 1720) der bedeutendste Vorkämpfer dieser vor allem in England und Frankreich entstehenden geistigen Bewegung, obwohl er einen »allwissenden Gott« als Weltenlenker in einem total determinierten Universum der »prästabilierten Harmonie« annimmt.

Psychologisch ist die *Aufklärung* von größter Bedeutung, weil sie zum Motor der Individualisierung wird, mit ihrem Credo der »kritischen Vernunft« und Skepsis die alten (Aber-)Glauben bekämpft und die Bewusstwerdung der Individuen fördert – unverzichtbarer Nährboden für jeden Hochbegabten, der kreativ sein möchte. KANT (→ 1784) ist diesbezüglich von noch größerer Bedeutung als LEIBNIZ.

Um 1700

lässt König WILLIAM III. in Hampton Court bei London einen Irrgarten einrichten, der später zum Vorbild für die ersten *mazes* der experimentellen Tierpsychologie wird (→ 1899).

1720

erscheint (auf Französisch verfasst) die *Monadologie* von GOTTFRIED WILHELM LEIBNIZ (1646–1716). Dieser ist bereits ein auf vielen Gebieten bekannter Gelehrter. Schon in jungen Jahren gilt er als Wunderkind. Das Lesen lehrt ihn sein Vater, bevor der kleine GOTTFRIED in die Schule kommt. Latein bringt er sich selbst bei (weil der Vater stirbt, als das Kind gerade sechs Jahre alt ist). Aber als LEIBNIZ' Leben 1716 in Hannover endet, trägt man den weltberühmten Gelehrten, obwohl inzwischen Berater des Kaisers und anderer Mächtiger, ohne jegliche Ehrung zu Grabe.

Nach ihm sind Kekse benannt, und viele wissen nur das von ihm, darüber hinaus allenfalls noch, dass er die *Monadenlehre* ersonnen hat. Aber er ist ein unglaubliches Multitalent und gilt als das letzte Universalgenie. Bei aller theoretischen Brillanz ist er zugleich ein praktischer Denker – so erfindet er die erste Rechenmaschine mit Staffelwalze, auf welche die modernen Computer zurückgehen. Von

Beruf(en) ist er im Verlauf seines Lebens u.a. Philosoph, Mathematiker, Physiker, Schriftsteller, Sprachforscher, Historiker, Jurist, Diplomat.

Er wird neben NEWTON der Begründer der Infinitesimalrechnung, bringt in Deutschland das Zeitalter der Aufklärung voran und damit die Demokratiebewegung (was ihn auch zu einem einflussreichen Politiker macht). Mit seiner *Monadenlehre* und dem Konzept der *Prästabilierten Harmonie* schafft er eine originelle Synthese des traditionellen Gottesglaubens mit modernsten physikalischen Spekulationen über das Wesen der Welt – bis hin zur Relativitätstheorie (→ 1915), die seine Gedanken vorbereiten helfen.

Die Monadenlehre ist eine der Grundlagen der Assoziationstheorie, aus der sich interessanterweise sowohl die Assoziationsversuche der experimentellen Psychologie (→ 1879 WUNDT) entwickeln wie auch die Technik der *Freien Assoziation*, die ab → 1895 ein wesentliches Werkzeug in FREUDS Psychoanalyse und Trauminterpretation wird.

LEIBNIZ' posthumer Ruf ist umso strahlender: Deutschlands höchst dotierter Förderpreis ist nach ihm benannt; er bringt dem damit ausgezeichneten Wissenschaftler jeweils 1,55 Millionen Euro – mehr als der Nobelpreis. Der Gelehrte hätte davon wahrscheinlich 100 Jahre gut leben können.

1751

Ein für die Hochbegabten aller Länder wichtiges Ergebnis der Epoche der »Aufklärung« ist die damit verbundene systematische Erfassung des menschlichen Denkens und Wissens, die in Frankreich 1751–1780 in der Herausgabe der ersten umfassenden »Enzyklopädie« gipfelt (Herausgeber: DIDEROT und D'ALEMBERT). Dieses Jahrtausendwerk wird von den herrschenden Eliten heftig bekämpft, ist aber auf Dauer nicht aufzuhalten und findet seine modernste Version ab → 1969 in den Hypertext-Strukturen des Internet.

Gleichzeitig explodiert der von der Gutenberg'schen Druckerpresse (→ 1450) vorbereitete Buchmarkt: Die sich allmählich gegen den Absolutismus der europäischen Monarchien durchsetzenden Demokratiebewegungen fördern das Lesen immer breiterer Bevölkerungskreise und damit auch die Publikation von einer immer größeren Anzahl von Werken, sowohl sachlichen wie erzählenden und (auto-)biografischen Inhaltes. Daraus entsteht nicht zuletzt auch eine neue Einnahmequelle für viele bis dahin chancenlose oder vom Wohlwollen der Mächtigen abhängige Talente.

Neue Betrachtungsweisen der Natur werden ergänzt durch solche der menschlichen Gesellschaft, Kultur und Psyche (→ 1785 *Anton Reiser*).

Um 1760

liegt in Nordamerika und Europa die durchschnittliche Lebenserwartung bei 37 Jahren. (Um 2003 ist sie mehr als doppelt so hoch: in den EU-Staaten bei den Frauen 81 Jahre, bei den Männern 75. In Japan werden zur selben Zeit die Frauen 85, Männer 78.)

1762

veröffentlicht JEAN JACQUES ROUSSEAU (1712–1778) seinen autobiografischen Roman *Emile*. Er legt darin nicht nur seine Erziehungsphilosophie dar, sondern verarbeitet zugleich (»schreibtherapeutisch«, würde man heute sagen) seine eigene schwierige Kindheit und Jugend. Ähnlich angelegt ist *Anton Reiser* von K. PH. MORITZ (→ 1785).

1764

Am 9. März erwacht der englische Schriftsteller HORACE WALPOLE aus einem Albtraum von einem bedrohlichen Ritter. Dies ist der Auslöser für die Niederschrift seines Romans *The Castle of Otranto* – dem Anfang des Genres der *gothic novel* (auch romantischer Schauerroman genannt – wörtl. »gotischer Roman«, weil man sich auf die Ritterzeit der Gotik bezieht). Dies ist – ähnlich wie → 1816 bei MARY SHELLEY – der eindrucksvolle Beleg für die kreative Kraft der Träume (nach ALDISS 1973, S. 51).

1765

beginnt in England mit der Erfindung der Dampfmaschine und zehn Jahre später, eingeleitet mit dem Bau der ersten Fabrik zum Bau von Dampfmaschinen durch JAMES WATT (1736–1819), die *Industrielle Revolution*. (Mitte des 20. Jahrhunderts beginnt die *Zweite Industrielle Revolution* mit Automatisierung, Einführung der Computer → 1941 und der Etablierung des Internet → 1969.)

1770

konstruiert der Wiener Hofrat WOLFGANG VON KEMPELEN einen Schachautomaten für die Kaiserin MARIA THERESIA – eine typische Erfindung für das kaiserliche Curiositäten-Cabinett. Es wurde lange gerätselt, wie diese Maschine es geschafft haben könnte, auch gute Schachgegner zu besiegen. Des Rätsels Lösung: ein blitzgescheiter schachbegabter Zwerg, der im Inneren des Geräts verborgen war und als angeblicher *Schachtürke* (so wurde die Maschine genannt) für seinen erfinderischen Herrn alle Zeitgenossen täuschte – ein wunderbares Zusammenwirken zweier Talente, das schon allein wegen des viele Jahre anhaltenden Funktionierens dieser komplexen Beziehung Hochachtung verdient.

Diese frühe Manifestation von angeblicher *künstlicher Intelligenz* und *maschinellem Bewusstsein* (→ 1999) entpuppt sich damit als Schwindel.

1775

stellt der Schweizer Pfarrer und Schriftsteller JOHANN KASPAR LAVATER (1741–1801) seine Überlegungen zur *Physiognomie* vor. Solche Spekulationen findet man bereits bei ARISTOTELES, der um → 350 v. Chr. aus dem Gesicht und dem Mienenspiel Intelligenz und Begabungen abzulesen versucht, so wie → 1650 DELLA PORTA.

1784

wird IMMANUEL KANT (1724–1804) mit seiner Schrift *Was ist Aufklärung* zu einem der wichtigsten Motoren dieser geistigen Bewegung. Er ist zusammen mit LEIBNIZ (→ 1790) Deutschlands großer Förderer der *Kritischen Vernunft*.

»Handle so, dass die Maxime deines Willens jederzeit zugleich als Prinzip einer allgemeinen Gesetzgebung gelten könne.« Diesen noch recht unverbindlichen *Kategorischen Imperativ* hat KANT in ein schärfer gefasstes Sittlichkeitsgebot unter dem Aspekt der Freiheit so formuliert: »Handle so, dass du die Würde der Menschheit sowohl in deiner Person als in der jedes anderen jederzeit achtest und die Person immer zugleich als Zweck, nie als bloßes Mittel gebrauchst!«

Mit seinen strengen ethischen und moralischen Maximen, die der Würde und Freiheit des Individuums verpflichtet sind, macht sich KANT unter den Mächtigen seiner Zeit keine Freunde. Die Entwicklung der Demokratiebewegung in der ganzen Welt gibt ihm allerdings Recht und trägt zur Entmachtung der alten Eliten (Kaiser- und Königtum, Adel und Kirche) bei, was den Aufstieg neuer Eliten erleichtert.

1785–1790

publiziert KARL PHILIP MORITZ (1756–93) seinen autobiografischen Roman *Anton Reiser*. Beeinflusst vom Pietismus, ist er ein Dokument genauer Selbstbeobachtung und ein Paradebeispiel psychologisch feinsinnigen (Selbsterfahrungs-)Schreibens, das in jener Zeit zur Blüte kommt und auch für spätere Generationen zu einer Art Schreibtherapie wird.

1799

beginnt NOVALIS seinen Bildungsroman *Heinrich von Ofterdingen* mit dem berühmten Traum von der »Suche nach der blauen Blume«, welche zum Symbol der Romantik wird.

Um 1800

entdeckt der Göttinger Mathematiker und Astronom CARL FRIEDRICH GAUSS (1777–1855) die nach ihm benannte »Gauß'sche Glockenkurve« der statistischen Normalverteilung von Elementen eines bestimmten Phänomens – z.B. der Intelligenzhöhe. (Gauß findet schon als Schulkind wichtige mathematische Gesetzmäßigkeiten und gilt zu Recht als Wunderkind.)

1803

wird in einem abgelegenen Dorf in Vorarlberg JOHANNES ELIAS ALDER geboren. Er erweist sich als *Naturtalent* im Bereich Musik, das sich selbst das Orgelspiel in der Dorfkirche beibringt. 1825 nimmt er sich – verzweifelt, dass er sein Talent nicht zur Reife entwickeln kann – durch Schlafentzug das Leben – ein Ende, das sich im Film in einer atemberaubenden Szene ankündigt, als ELIAS einen Trip unter dem halluzinogenen Einfluss von Fliegenpilzen macht.

Es hat solche Naturtalente immer wieder gegeben – diese ist allerdings eine Erfindung des Autors ROBERT SCHNEIDER, dessen Roman JOSEPH VILSMAIER 1995 mit eindrucksvollen Szenen verfilmt.

1808

stellt der deutsche Arzt und Gehirnforscher FRANZ JOSEPH GALL (1758–1828) seine hochspekulative *Phrenologie* vor. Anders als mit seinen verdienstvollen Studien zur Anatomie des Gehirns, beschreitet er damit einen Irrweg: Er meint, mittels der *Schädellehre* schon vom äußeren Erscheinungsbild eines Kopfes auf die Intelligenzhöhe und Begabungsstruktur seines Gegenübers schließen zu können. Aber bereits das Ausmaß des Gehirnvolumens (das ja nicht zuletzt die bloße Größe eines Schädels bestimmt) zeigt, wie untauglich solche äußeren Merkmale als Intelligenz-Test sind: Der russische Autor TURGENJEW hat ein Gehirn, das besonders groß ist und über 2000 Gramm wiegt – sein nicht minder bedeutender französischer Kollege ANATOLE FRANCE bringt hingegen nur etwas mehr als die Hälfte auf die Waage – und GALLS eigenes Gehirn wiegt auch gerade mal 1198 Gramm.

(Solche Spekulationen findet man bereits bei ARISTOTELES, der um →350 v. Chr. mit der *Physiognomie* experimentiert, so wie um → 1650 DELLA PORTA und → 1775 LAVATER.)

Zeitgleich erscheint der erste Teil des Dramas um Heinrich *Faust*, mit dem JOHANN WOLFGANG VON GOETHE (1749–1832) einem neuen Typ des Hochbegabten ein Denkmal setzt: dem kühnen Forscher (der notfalls auch über Leichen geht und bereit ist, für Erkenntnisgewinn seine Seele dem Teufel zu verkaufen).

1815

Am 15. März hat MARY SHELLEY einen Traum, aus dem ein Jahr darauf der Roman *Frankenstein* entsteht (→ 1816).

1816

treffen sich im Sommer in der Villa Diodati am Genfer See drei Männer und eine Frau, um gemeinsam – aber selbständig – an eigenen Texten zu arbeiten. Es sind dies Lord BYRON, PERCY BYSSHE SHELLEY, dessen Frau MARY und JOHN POLIDORI (Byrons Arzt). Angeregt durch die Lektüre von Gespenstergeschichten, die man sich abends am Kaminfeuer vorgelesen hatte, schlägt BYRON vor, jeder der Gäste solle eine Schauergeschichte (englisch: *Gothic Tale*) schreiben.

Nach einer Periode »blanker Einfallslosigkeit«, erst in einem »halb schlafenden, halb wachen« Zustand, kommt MARY SHELLEY dann der zündende Einfall: Die Geschichte vom besessenen Wissenschaftler DR. FRANKENSTEIN, der einen künstlichen Menschen aus Leichenteilen schaffen will, wird geboren. Der Selbsterfahrungsanteil dieser schrecklichen Erzählung ist inzwischen bekannt: Die Autorin hatte vorher auf tragische Weise zweimal ein Baby verloren und eine literarisch-psychologische Analyse dieses Welt-Bestsellers zeigt deutlich die Spuren dieser Tragödie und den Versuch, sie schreibend aufzuarbeiten (Details bei ALDISS 1990, Kap. 1.).

(Dieser Vorfall wird später von dem Regisseur KEN RUSSELL schaurig-schön, wenn auch etwas langweilig, verfilmt und kommt 1987 unter dem Titel *Gothic* in die Kinos.)

Man kann dieses historisch verbürgte »erste Schreibseminar« als Vorbild für die »schreibende Selbsterfahrung in der Gruppe« betrachten, die heute typisch für Veranstaltungen des *Creative Writing* ist. Der Roman erscheint, zunächst pseudonym, zwei Jahre später in London und wird ein solcher Erfolg, dass seine Verfasserin als freiberufliche Schriftstellerin leben kann – eine Sensation für die damalige Zeit. (Wer genau hinsieht, erkennt den Einfluss ihrer Mutter MARY WOLLSTONECRAFT, die eine wichtige Vorkämpferin der Frauenemanzipation war.)

1837

Lange bevor die Wissenschaft sich ernsthaft für Hochbegabte zu interessieren beginnt (→ 1869 GALTON, → 1904 BINET), gründet der französische Psychiater EDOUARD SEGUIN eine Schule für Schwachsinnige.

1838

veröffentlicht der französische Psychiater JEAN ETIENNE ESQUIROL (1772–1840) ein Buch über die Geistesstörungen. Bis dahin machte man kaum einen genaueren Unterschied zwischen Schwachsinn und krankhaftem Intelligenzabbau.

1843

stellt ADA AUGUSTA LOVELACE (1835–1852), einziges legitimes Kind von Lord BYRON (→ 1816), Vermutungen darüber an, ob Computer in der Lage sein könnten, so etwas wie menschliche Intelligenz nachzuahmen. Sie gilt als die erste Programmiererin eines Computers (den CHARLES BABBAGE, für den sie in London arbeitet, erdacht hat, der aber erst → 1941 von KONRAD ZUSE in Berlin gebaut wird). Damit beginnen, wenn man so will, die Spekulationen über A.I. (*Artificial Intelligence* = Künstliche Intelligenz) und *Künstliches Bewusstsein* → 1999.

1859

erscheint in London *The Origin of Species*, worin CHARLES DARWIN (1809–1882) seine auf langjährigen vergleichenden Beobachtungen basierende Theorie von der Evolution vorstellt, die durch Mutation und Selektion vorangetrieben wird.

(DARWIN ist ein Cousin des begabten FRANCIS GALTON → 1869.)

1862

veröffentlicht LUDWIG BÖRNE seinen (eigentlich satirisch gemeinten) Aufsatz »Von der Kunst, in drei Tagen ein Originalschriftsteller zu werden«. Er wird für SIGMUND FREUD, der den Text als Jugendlicher liest, später zur Anregung für seine erstmals → 1895 angewandte Methode der Freien Assoziation bei der Analyse von Träumen und Äußerungen seiner Patienten. Gleichzeitig ist diese Methode ein Kernstück des *Creative Writing*.

1867

KARL MARX (1818–1883) veröffentlicht den ersten Band seines Werkes *Das Kapital*. Er ist der Erste im »jüdischen Dreigestirn«, das die alte Welt Europas, ja, des ganzen Globus aus den Angeln hebt: MARX revolutioniert die soziale Welt (Kommunismus, Sozialismus, Gewerkschaften stärken erstmals die Rechte der Arbeiterschaft gegenüber den herrschenden Eliten); SIGMUND FREUD (→ 1895) entwickelt mit seiner Entdeckung der Rolle des Unbewussten eine neue (Tiefen-)Psychologie; ALBERT EINSTEIN (→ 1915) löst mit der Relativitätstheorie die physikalische Weltsicht NEWTONS ab.

1869

erscheint in London *Hereditary Genius* von FRANCIS GALTON (1822–1911). Mit diesem Jahr kann man den Beginn der wissenschaftlichen (psychologischen) Erforschung der Hochbegabung datieren.

1870
Mit seinem Helden KAPITÄN NEMO stellt der französische Autor JULES VERNES (1828–1905) in seinem Roman *20 000 Meilen unter dem Meer* einen neuen Typ des hochbegabten Abenteurers der Zukunft vor, der sehr bald die entstehende neue Literaturgattung Science Fiction prägt (s. hierzu auch → 1808 GOETHE, → 1895 WELLS, → 1911 GERNSBACK, → 1932 *Sun Koh*).

1879
gründet WILHELM WUNDT in Leipzig das *Institut für experimentelle Psychologie*, auf dessen Konzept auch die bald darauf entstehende naturwissenschaftliche Intelligenzforschung mit Messungen und Tests basiert.

1880
erscheint erstmals das @-Zeichen auf einer Schreibmaschine – dem *Caligraph* von GEORGE W. N. YOST und FRANK WAGNER. Fast ein Jahrhundert später, im Jahr → 1972, wird RAY TOMLINSON dieses Zeichen als Adress-Kürzel für den künftigen E-Mail-Verkehr auswählen und es damit zum Symbol für die Kommunikation im Zeitalter des Internet (→ 1969) machen.

1884
kann man als Geburtsjahr des psychologischen Tests bezeichnen. Schon um 1850 hatte FRANCIS GALTON mit Studien zur Intelligenz und Intelligenzmessung begonnen. Aber erst nachdem er → 1869 sein – eher spekulatives – Werk *Hereditary Genius* veröffentlicht hat, geht er zu ernsthaften Experimenten und Messreihen auf diesem Gebiet über. Er nützt das große Interesse der Besucher der Londoner Weltausstellung an solchen Methoden und gewinnt auf diese Weise wertvolles Grundlagenmaterial für theoretische und statistische Überlegungen zu Intelligenz und Begabung. Von 1884–1890 unterziehen sich nahezu 10 000 Probanden seinen Versuchen.

(Es ist unklar, ob GALTON von WUNDTS psychologischen Experimenten in Leipzig → 1879 beeinflusst worden ist.)

1884–86
beginnt SIGMUND FREUD (während seines Pariser Studien-Aufenthalts bei CHARCOT an der Salpetrière) mit Kokain zu experimentieren. Diese Droge nimmt er drei Jahre lang bis 1886 sowohl zu Forschungszwe-

cken, um ihre therapeutisch-pharmakologischen Möglichkeiten zu erproben (er schreibt darüber einige vielbeachtete Artikel), wie auch, um sich selbst bei Anfällen von extremer Schüchternheit und Nervosität zu helfen. (Vielleicht litt er unter → ADHS wie so viele Hochbegabte?)

Ein Jahrzehnt später, lange nach Beendigung dieser *Kokainepisode*, taucht der potente südamerikanische Wirkstoff in einer Reihe von Träumen Freuds auf, die maßgeblich zu seinem epochalen Werk *Die Traumdeutung* und damit zur Entwicklung der Psychoanalyse als Behandlungsmethode beitragen (→ 1895). (Ich habe diese aufschlussreichen Zusammenhänge in meinem Buch *Freud und das Kokain* analysiert und interpretiert.)

Interessante Koinzidenz: Im Jahr 1884 schlägt auch die Geburtsstunde des ersten psychologischen Tests, als → GALTON (s. vorangehenden Eintrag) in London mit seinen Testreihen beginnt.

Das Verblüffende an dieser Koinzidenz: Während die Psychologen mit ihren Experimenten und Tests zunehmend isolierte Details der menschlichen Psyche untersuchen und diese zur Bewertung und letztlich auch Ein- bzw. Aussortierung der Getesteten einsetzen, geht FREUD den genau entgegengesetzten Weg, als er ein Jahrzehnt später (→ 1895) die Bedeutung der Träume entdeckt und die Psychoanalyse entwickelt.

Während die Tester auf »Momentaufnahmen der Intelligenz und Begabung« aus sind, interessiert sich FREUD ab 1895 für den ganzen »Film des Kreativen Prozesses«.

1888

entwirft der deutsche Psychologe K. RIEGER ein erstes Verfahren zur Messung von Intelligenzdefekten. Diese Testsammlung prüft Wahrnehmung, Auffassungsgabe, Gedächtnis, identifizierendes Erkennen und wie der Geprüfte Sinneseindrücke benennt.

Im selben Jahr verwendet der französische Autor ÉDOUARD DUJARDIN erstmals die Technik des *Inneren Monologs* (*Stream of Consciousness*) in seinem Roman *Les Lauriers sont coupé*. Das Verfahren ist der von FREUD entwickelten Psychotechnik der Freien Assoziation ähnlich (→ 1895).

1895

Wie das Jahr → 1968/69, ist das Jahr 1895 ein Schlüsseljahr der Kulturgeschichte, das viele Epoche machende Neuerungen bringt, die zum Teil verblüffend ähnliche Themen haben und dennoch völlig eigenständig entstehen:

1. In der Nacht vom 23. auf den 24. Juli träumt SIGMUND FREUD den Traum von »Irmas Injektion«. Seine kurz darauf vorgenommene Deutung dieses Traums mittels der Methode des Freien Assoziierens ist nicht nur die erste wissenschaftlich-psychologische Deutung eines Traums überhaupt, sondern zugleich die Einführung dieser neuen Methode in die Psychoanalyse und damit der Beginn eines völlig neuartigen Zugangs zum menschlichen Seelenleben. Wie sich bald darauf zeigen sollte, ist es auch ein neues Werkzeug für die Schriftsteller geworden.

FREUD löst durch die Bearbeitung des Traums eine massive eigene geistige und Schreib-Blockade; dies kann man als den Beginn einer (psychoanalytischen) *Angewandten Kreativitätspsychologie* betrachten.

Der Traum und seine Deutung ist abgedruckt in FREUDS stark autobiografischem Buch *Die Traumdeutung* (Kapitel 6). Dieses Werk ist für die Entwicklung des Kreativen Schreibens bahnbrechend, weil FREUD damit erstmals die Methode des Freien Assoziierens vorstellt (zu der er durch die Lektüre von LUDWIG BÖRNE angeregt wurde → 1862), die man heute als Beginn aller Brainstorming-Techniken und des *Creative Writing* bezeichnen kann.

FREUD veröffentlicht im selben Jahr außerdem, zusammen mit seinem Kollegen JOSEF BREUER, die *Studien über Hysterie*, die den Beginn der *Psychoanalyse* markieren.

2. Der britische Autor HERBERT GEORGE WELLS veröffentlicht in London seinen utopischen Roman *Die Zeitmaschine*. Real wird es diese Reisen durch die vierte Dimension wohl nie geben (dagegen sprechen alle Erkenntnisse der Physik) – aber es ist verblüffend, wie sehr die Möglichkeit, nach Belieben in der Zeit zu reisen, dem psychotherapeutischen Verfahren gleicht, das FREUD zeitgleich als Psychoanalyse vorstellt: sich an die eigene Vergangenheit erinnern, diese Erlebnis für Erlebnis aufarbeiten und dadurch neuen Spielraum zur Gestaltung von Gegenwart und Zukunft schaffen (zu H.G. WELLS s. auch → 2001).

3. In Paris führen die Brüder LUMIÈRE erstmals öffentlich einen bewegten Film vor – die Geburtsstunde des Kinos. Auch hier lässt sich eine verblüffende Querverbindung zu FREUD herstellen: Nicht zufällig hat man das Betrachten eines Films im Dunkel des Kinosaals mit dem Träumen verglichen und Filme als *künstliche Träume* bezeichnet! Außerdem bietet dieses optische Medium wunderbare Möglichkeiten, Träume szenisch darzustellen (beispielsweise in *Solaris* → 2002).

4. WILHELM CONRAD RÖNTGEN entdeckt die X-Strahlen, wie er sie nennt, die man später zu seinen Ehren in Röntgenstrahlen umtaufen wird. Hier wird auf physikalischem Weg ins Innere des Körpers vorgedrungen und den Ärzten eine völlig neue Welt erschlossen – ähnlich wie FREUD mit seinem neuen geistig-seelischen Instrumentarium der Psychoanalyse und der Traumdeutung ins Innere des Seelenlebens seiner Patienten vordringt.

(Dies ist nur ein Teil der wichtigen Ereignisse, die sich 1895 ereignen – mehr auf meiner Website unter »Schlüsseljahr 1895«.)

1899
baut der amerikanische Wissenschaftler WILLIAM S. SMALL für Tierversuche das erste *maze* in Form eines Holzkastens, der nach dem Vorbild des Irrgartens gestaltet ist, den WILLIAM III. um 1700 im Hampton-Court-Palast bei London anlegen ließ.

SMALL prüft damit, wie Versuchstiere (Ratten in den meisten Fällen) durch diese verwinkelte Anlage laufen, um nach dem Prinzip von *Versuch und Irrtum* den schnellsten Weg ausfindig zu machen. Dies ist gleichzeitig auch eine Prüfung der Intelligenz dieser Tiere.

Solche *mazes* werden bald danach auch in Experimenten mit Menschen eingesetzt (→ 1915, 1959, 1970).

Um 1900
entdeckt SIR ARTHUR EVANS den Palast von Knossos auf Kreta und damit die Quelle des Labyrinth-Mythos' (→ 100 n. Chr. PLUTARCHOS).

1901
erscheint in Halle die unsägliche Studie *Über den physiologischen Schwachsinn des Weibes*. Darin behauptet der zu seiner Zeit sehr angesehene deutsche Psychiater PAUL MOEBIUS, dass die Frau körperlich und geistig zwischen Kind und Mann steht. Alle modernen Intelligenzstudien haben dies als schlichten Unsinn widerlegt und die moderne Genetik fand in gewissem Sinne sogar das genaue Gegenteil heraus (→ LEHRKE 1997).

1903
veröffentlicht der Wiener Philosoph OTTO WEININGER (1880–1903) sein Pamphlet *Geschlecht und Charakter*, in dem er (wie schon → 1901 der Psychiater MOEBIUS) behauptet, Frauen seien moralisch und intellektuell minderwertig: »Der tiefststehende Mann steht noch

unendlich hoch über dem höchststehenden Weibe.« Der mit Vorurteilen gespickte Unsinn wird bis 1910 zum Bestseller mit zwölf Auflagen. Offensichtlich trifft WEININGER einen blankliegenden Nerv der Männer jener Zeit – drängen doch immer mehr Frauen in berufliche und private Sphären ein, die vorher für die Männer reserviert waren. Trotz des publizistischen Erfolges begeht WEININGER, gerade 23 Jahre alt, wenige Monate nach Erscheinen des Buches Selbstmord.

Wie um WEININGER und MOEBIUS (→ 1901) Lügen zu strafen, liest sich die Geschichte einer weiblichen Hochbegabten. MARIE CURIE (1867–1934) ist eine unglaublich kreative Frau – fraglos das, was man eine Höchstbegabte nennt. Sie entdeckt die radioaktive Strahlung des Radiums, nennt diese neue Kraft *Radioaktivität* und legt unter anderem (ähnlich wie RÖNTGEN → 1895 mit den X-Strahlen) das Fundament für einen völlig neuen Bereich der Medizin: die Behandlung von Krebs mittels strahlender Präparate. Zwei Nobelpreise bekommt sie für ihre Arbeit: 1903 für Physik und 1911 für Chemie. Diese großartigen Leistungen vollbringt MARIE CURIE als Frau in einer bis dahin reinen Männerdomäne – ohne den (ersten) Nobelpreis hätte sie wahrscheinlich niemals eine eigene Professur in Paris bekommen. (Auch → LISE MEITNER 1938).

Zwei Töchter zieht sie zur gleichen Zeit groß, von denen eine, IRÈNE, in ihre Fußstapfen als Forscherin tritt und – zusammen mit ihrem Mann FRÉDÉRIC JOLIOT – ebenfalls einen Nobelpreis für Chemie (1935) erhält: für die Erforschung der künstlichen Radioaktivität, welche die Grundlagen der modernen Kernphysik liefert.

1904

bemerkt der englische Psychologe CHARLES SPEARMAN (1863 bis 1945), dass die intellektuellen Leistungen im Allgemeinen positiv miteinander korrelieren, aber nicht vollständig. Er kommt zu dem Schluss, dass all diesen Fähigkeiten ein und dieselbe Dimension zugrunde liegt (was die mathematische Korrelation erklärt), während jede für sich noch einen weiteren spezifischen Faktor enthält. Nach seiner Auffassung ist die Intelligenz daher als das Zusammenspiel zweier Faktoren zu verstehen (Zwei-Faktoren-Theorie der Intelligenz), und zwar eines Generalfaktors, den er »g« nennt, um seinen abstrakten und operationalen Charakter zu unterstreichen, und eines spezifischen Faktors »s« (der bestimmte Speziallleistungen im Test gewichtet).

Die Überprüfung dieser Hypothese dauert viele Jahre; erst 1927 veröffentlicht SPEARMAN die entsprechenden Resultate.

Ab 1908

entwickelt der französische Begabungs- und Intelligenzforscher ALFRED BINET (1857–1911) zusammen mit dem Arzt THÉOPHILE SIMON die ersten Intelligenz-Tests. Die beiden ordnen jedem Lebensjahr der Schulkindheit bestimmte typische Aufgaben zu, deren richtige Lösung eine Zuordnung zu einem bestimmten *Intelligenzalter* (IA) ermöglicht. Dies ist die Vorstufe des bald darauf (→ 1912) von WILLIAM STERN eingeführten *Intelligenz-Quotienten* (IQ).

1909

findet an der Columbia University in den USA das vermutlich erste *Schreibseminar* im modernen Sinne statt.

1911

verfasst C.G. JUNG sein Werk *Symbole und Wandlungen der Libido*, mit dem er sich von SIGMUND FREUD und der Psychoanalyse löst, um seine eigene Therapieform und -theorie zu gründen: die *Analytische Psychologie*. In diesem Buch befasst sich JUNG an prominenter Stelle mit dem Konzept der *Nachtmeerfahrt* und der Heldenwanderung. Dies dürfte die erste Auseinandersetzung eines Psychologen mit dem Thema der → *Heldenreise* und somit die Grundlage für JOSEPH CAMPBELLS → 1949 erscheinende Untersuchung des Helden-Mythos sein.

(JUNG bezieht sich bei der *Nachtfahrt* auf die Studie *Das Zeitalter des Sonnengottes* von LEO FROBENIUS 1904.)

Im selben Jahr veröffentlicht der aus Luxemburg in die USA ausgewanderte Erfinder HUGO GERNSBACK (1884–1967) in dem von ihm kreierten Magazin *Modern Electrics* einen Fortsetzungsroman mit dem Titel *Ralph 124C 41+*. Literarisch völlig anspruchslos, ist diese Erzählung der Abenteuer eines genialen Wissenschaftlers der Zukunft mit diesem Namen dennoch äußerst interessant, weil GERNSBACK damit in trivialer Weiterführung der Tradition von VERNE → 1870 und WELLS → 1895 gewissermaßen das Genre der (technisch-naturwissenschaftlichen) *Science Fiction* in Form spannender Unterhaltung aus der Taufe hebt. Entsprechend trägt die höchste Auszeichnung, welche die SF-Leser alljährlich vergeben, seinen Vornamen und jeder SF-Autor erachtet es als höchste Bestätigung seines Könnens, einen *Hugo* zu erhalten.

1912

Ausgehend von den Studien der französischen Begabungs- und Intelligenzforscher BINET und SIMON und deren Begriff *Intelligenzalter (IA)* (→ 1908) liegt es nahe, dieses IA zum Lebensalter in Beziehung setzen. Das macht 1912 ein anderer Pionier: der deutsch-amerikanische Psychologe WILLIAM STERN (1877–1956). Die Beziehung zwischen Intelligenz- und Lebensalter wird als *Intelligenzquotient (IQ)* bezeichnet – eine Maßzahl, die man bis heute verwendet. (→ 1928 erscheint STERNS Studie über *Die Intelligenz des Kindes*.)

OSWALD KÜLPE (1862–1915) veröffentlicht seine für die Entwicklung der Denkpsychologie wegweisende Studie *Über die moderne Psychologie des Denkens*.

Im selben Jahr sinkt nach der Kollision mit einem Eisberg die als »unsinkbar« gefeierte Titanic – mahnendes Zeichen, zu welcher Hybris die Ingenieure immer wieder verleitet werden. Wie durch ein Wunder wird ein Drittel der Passagiere von anderen Schiffen gerettet.

1913

In seiner Studie über die Familie KALLIKAK arbeitet HENRY GODDARD in den USA Zusammenhänge zwischen (vererbtem) Schwachsinn und Kriminalität heraus. (vgl. → 1994 *The Bell Curve*)

In Ungarn wird PAUL ERDÖS geboren, das größte mathematische Genie des 20. Jahrhunderts. »Als er 1996 im Alter von 83 Jahren stirbt, hatte er es zustande gebracht, über mehr mathematische Probleme nachzudenken als irgendein anderer Mathematiker der Geschichte. Er verfasste als Autor oder Koautor (mit 485 Kollegen!) 1475 wissenschaftliche Aufsätze, von denen viele einzigartig, doch allesamt maßgebend und bedeutend waren.« (HOFFMAN 2001, S. 14)

ERDÖS wird mit einem anderen Wunderkind der Mathematik verglichen: GAUSS (→ 1800). Er ist eine äußerst skurrile Person und ist einer der besten Beweise dafür, dass Wunderkinder es in nahezu allem, was außerhalb ihres engsten Fachgebiets liegt, enorm schwer haben:

Er braucht nur drei Stunden Schlaf und nervt deshalb seine – darob gleichzeitig geehrten und beglückten – Kollegen mit seiner Arbeitswut; er verhält sich wie ein kleines Kind (das eigentlich nur zu seiner Mutter so etwas wie eine menschliche Beziehung hat); nach eigenem Bekunden hat er niemals Sex mit einer Frau oder einem Mann; unablässig sucht auf der ganzen Welt nach anderen Wunderkindern (und liebt Kinder über alles); in höchstem Maße ist er abhängig von Amphetaminen und anderen Substanzen – und dennoch bis zu seinem Tod unglaublich produktiv und höchst originell kreativ (was ja keineswegs dasselbe ist).

PAUL HOFFMAN, zeitweilig Herausgeber der *Encyclopedia Britannica*, hat ein wunderbares Buch über ERDÖS und seinesgleichen geschrieben: *Der Mann, der die Zahlen liebte* (wobei man ruhig »nur die Zahlen liebte« formulieren könnte).

(Andere mathematische Genies und Höchstleistungen: → 1720 LEIBNIZ, → 1800 GAUSS, → 1915 EINSTEIN, → 1985 Primzahlen-Zwillinge, → 1994 NASH und WILES).

1915

Im Juni veröffentlicht S. D. PORTEUS die erste Version des von ihm entwickelten *Maze-Test* zur Prüfung der Intelligenz, der auf einem gedruckten Irrgarten basiert.

1915 ist auch das *annus mirabilis* (»wunderbare Jahr«) für ALBERT EINSTEIN. In kurzer Zeit publiziert er vier Arbeiten, welche die Physik revolutionieren: über die Lichtquanten-Hypothese (sie bringt ihm 1921 den Nobelpreis), die Größe der Atome (damit wird er in Zürich promoviert), die Brownsche Bewegung und die Elektrodynamik bewegter Körper. Die zweite und die dritte Arbeit gehören »zu den meistzitierten Veröffentlichungen des Jahrhunderts, und beide zusammen machen ihn zum Begründer der Statistischen Physik ... hier geschieht ein Wunder an Kreativität, von dem sich die Welt noch immer nicht erholt hat.« (FISCHER 1997, S. 128).

Die weltberühmte Formel »$e = m \times c^2$« liefert EINSTEIN übrigens als Nachtrag zu seiner vierten Arbeit bei den *Annalen der Physik*, und sie wird zunächst kaum beachtet.

Was in jenem Jahr 1915 geschieht, ist genau so ein Ereignis, das THOMAS KUHN → 1962 als *Paradigmenwechsel* bezeichnet: Ein älteres, statisches Weltbild (das von NEWTON) wird von einem neuen (dynamischen) Weltbild abgelöst, für das der neue Terminus *Relativitätstheorie* nur ein sehr oberflächliches Etikett abgibt.

Will man sich als Laie eine wenigstens annähernde Vorstellung von EINSTEINS kreativer und wirklich genialer Leistung machen, so findet man diese vielleicht am besten über seine eigenen Worte: »Früher hat man geglaubt, wenn alle Dinge aus der Welt verschwinden, so bleiben noch Raum und Zeit übrig; nach der Relativitätstheorie verschwinden aber Raum und Zeit mit den Dingen.« (zit. n. FISCHER, S. 122)

1916

Anfänge des Dadaismus (*Cabaret Voltaire* in Zürich). Die zentralen Stichwörter in HERMANN KORTES Buch *Die Dadaisten* laufen alle auf dasselbe hinaus: Fragmentierung, bis herunter auf die Buchstaben-Ebene. (Bis hin zur letzten Konsequenz treiben das die Sprachexperimente mit Buchstabenwürfeln.)

1917

führt das amerikanische Militär den *Army Alpha Test* ein, mit dem man Wehrpflichtige und Freiwillige des modernen Massenheers rasch nach ihrer Intelligenzhöhe einstufen möchte. Er gilt, mit seinem Nachfolger *Army Beta*, als Vorbild für alle späteren Massentests dieser Art.

1919

Experimente der Surrealisten um ANDRÉ BRETON mit dem *Automatischen Schreibe*n; in gewissem Sinne ist dies die Geburtsstunde des – literarischen – Surrealismus. Ab 1920 aktive Teilnahme BRETONS an der Dada-Bewegung.

Das *Automatische Schreiben* kann seine Verwandtschaft zur Technik der Freien Assoziation und damit zur Psychoanalyse nicht verleugnen; BRETON hat, wie die anderen Surrealisten auch, immer betont, dass ihn FREUD sehr beeinflusst hat.

1920

Der türkische Staatsgründer MUSTAFA KEMAL, genannt ATATÜRK, vollbringt eine großartige Leistung: Der junge Offizier wird in wenigen Jahren zum erfolgreichen modernen Staatsgründer und -führer. Dies geschieht allerdings auf Kosten des alten Systems und seiner islamischen Traditionen, weshalb noch heute die Macht in der Türkei in hohem Maße von einer militärischen Elite getragen wird. Der »erfolgreichste türkische Weltkriegsgeneral« wird interessanterweise ganz anders denn als machtgieriger kommissköpfiger Usurpator geschildert, eher als »... dieser hochbegabte, eigensinnige und überaus großmütige Offizier«. (SEIBT 2003)

Auf der Negativseite dieser Biografie findet man den Genozid an den Armeniern 1915/16 und die brutale Vertreibung und Ermordung der kleinasiatischen Griechen von 1919–1924. Dieses Wüten der Türken, dessen Leugnung bis heute (2004) ihre Aufnahme in die europäische Gemeinschaft massiv behindert, geschah kaum ohne Wissen und Billigung ATATÜRKS. Man muss dies wohl ähnlich sehen wie das Verhalten anderer Herrscher, bei denen benevolentes Verhalten gegenüber dem eigenen Volk und soziopathische Züge gegenüber unerwünschten Minderheiten oft kaum zu trennen sind (vgl. ASHOKA 260 v. Chr. und den Antisemitismus von LUTHER → 1513 und ERASMUS VON ROTTERDAM → 1516).

1921

startet LEWIS TERMAN (1877–1956) eine Längsschnittstudie, für die er insgesamt 1528 Schüler mit einem IQ-Wert von 135 und höher im Alter zwischen 8 und 12 Jahren auswählt. Er leitet dieses Forschungsprojekt bis zu seinem Tode 1956, und es wird heute noch weitergeführt. Die *Termiten*, wie man die Teilnehmer der Studie nennt, werden in regelmäßigen Abständen erneut befragt.

TERMANS Funde bringen große Überraschungen mit sich, denn sie widerlegen einige Vorurteile über Hochbegabte – vor allem, dass es sich um fehlangepasste, unglückliche, neurotische Individuen handle – nach dem Motto von »Genie und Irrsinn« (→ 1928 LANGE-EICHBAUM). Diese begabten Kinder sind vielmehr später im Leben körperlich gesünder als vergleichbare Normalbegabte, zeigen weniger psychische Auffälligkeiten, besitzen Sinn für Humor und gute Führungsqualitäten, sind überdurchschnittlich beliebt und großzügig. Ihre späteren Erfolge als Erwachsene sind ausgezeichnet, sowohl was ihre berufliche Karriere als auch ihre Bildung und Ausbildung angeht.

1922

LEWIS TERMAN beschreibt (1877–1956) bei seiner Antrittsrede als Präsident der American Psychological Association begabte Kinder nicht nur als intellektuell überlegen, sondern auch als »überlegen in Körperbau, Gesundheit und sozialer Anpassungsfähigkeit gegenüber normalen Kindern (und) gekennzeichnet durch überlegene moralische Einstellungen ...« (s. auch oben → 1921).

Dem halten Kritiker wie ELLEN WINNER (→ 1996) entgegen: »Wir haben offenbar die Neigung, hochbegabte Kinder entweder zu idealisieren oder rundweg abzulehnen. Sie sind häufig sozial isoliert und unglücklich, wenn sie nicht das Glück haben, andere hochbegabte Kinder kennen zu lernen. Die Vision vom gut angepassten, hochbegabten Kind gilt nur für leichte Hochbegabung, aber nicht für extrem hochbegabte Kinder.« (WINNER, S. 19).

Der tschechische Philosoph und Autor KAREL ČAPEK veröffentlicht sein Theaterstück *W.U.R. – Werstand Universal Robots*, in welchem ČAPEK erstmals den Begriff *Roboter* (abgeleitet vom slawischen Wort für Arbeit und Zwangsarbeit) für künstliche Menschen gebraucht. Roboter und die menschenähnlicheren Androiden und Cyborgs – sie sind die modernen Nachfahren der antiken Sklaven, mit deren Schweiß und Blut die Kulturen des Altertums aufgebaut wurden: Die von eifrigen, fantasievollen Genetikern propagierten Menschen-Klone sind ebenfalls nichts anderes als solche Sklaven (→ 1932 HUXLEY) oder organische Ersatzteillager für die Reichen der Welt.

Nur möchte man diesen Maschinenmenschen nun auch noch überlegene Intelligenz und sogar *künstliches Bewusstsein* aufpfropfen

(→ 1999: KURZWEIL). Bereits bei ČAPEK kann man nachlesen, was dann geradezu zwangsläufig geschieht: Die maschinellen Geschöpfe vernichten ihre menschlichen Schöpfer.

(Vorläufer sind der *Golem* des RABBI LOEW im mittelalterlichen Prag und MARY SHELLEYS *Frankenstein*-Ungeheuer von → 1818.)

1924

berichtet der amerikanische Experimental- und Tierpsychologe EDWARD C. TOLMAN (1886–1959) über einen typischen Labyrinth-Intelligenz-Versuch: Er lässt Ratten an zehn aufeinander folgenden Tagen durch ein *maze* laufen, in dessen Mitte sich Futter befindet. Die Ratten, welche ihr Ziel in dem verwinkelten Kasten (dessen Gänge zum Teil blind enden) am raschesten finden, bezeichnet er als »klug«, die erfolgloseren als »dumm«. Die klügsten und dümmsten Tiere paart er und baut so zwei Tierstämme auf, bei denen die Intelligenz (genau genommen: die Fähigkeit, durch ein *maze* auf dem kürzesten Weg zu laufen und mit den wenigsten Fehlversuchen zum Futter zu finden) am höchsten beziehungsweise niedrigsten ist. Die Nachkommen der »klugen« Tiere sind fast sämtlich ebenfalls erfolgreich beim Absolvieren des Irrgartens – die Nachkommen der »dummen« entsprechend ausgeprägt erfolglos. Dies gilt als recht zuverlässiger Versuch für den Nachweis, dass Intelligenz vererbt wird.

Das *Manifest du Surrealisme* von ANDRÉ BRETON erscheint. Surrealismus und Dadaismus (→ 1916) propagieren Freie Assoziation und Nonsense-Übungen, die auch im *Creative Writing* eine Rolle spielen und in jeder anderen kreativitätspsychologischen Methode.

1925

wird die *Studienstiftung des Deutschen Volkes* gegründet. Bis auf den heutigen Tag widmet sie sich der Förderung von hochbegabten Studenten. Im Zuge dieser Aufgabe musste die Stiftung allmählich auch kompetente Auslese-Verfahren entwickeln. ROLF-ULRICH KUNZE beschreibt diese Organisation → 2001 ausführlich in seiner Studie zur Geschichte der Stiftung.

1927

publiziert der englische Psychologe CHARLES SPEARMAN (1863–1945) die Ergebnisse seiner → 1904 begonnenen Studien zur »Zwei-Faktoren-Theorie« der Intelligenz.

WILHELM LANGE-EICHBAUM legt seine Sammlung von Psychopathographien berühmter Leute mit dem provozierenden Titel *Genie,*

Irrsinn und Ruhm vor. Anders als seine Vorgänger sieht der deutsche Psychiater nicht nur den neurotischen bzw. psychotischen Anteil vieler dieser fraglos hochbegabten Persönlichkeiten, sondern untersucht auch die gesellschaftliche und kulturelle Dynamik der Entstehung von Ruhm und dem Etikett »Genie«.
Die Untersuchung sorgt sofort nach ihrem Erscheinen für großes Aufsehen nicht zuletzt deshalb, weil sie Genies auch als soziologische Größe einordnet. (Das Standardwerk wird von LANGES Nachfolgern immer wieder aktualisiert – zuletzt 1986 – und umfasst inzwischen 135 Kurz-Studien.)

Der sonst so skeptische SIGMUND FREUD äußert sich erstaunlich hoffnungsfroh zu den intellektuellen Möglichkeiten der Menschen. Irgendwie liest sich diese Stelle in der *Zukunft einer Illusion* wie ein Appell an die Hochbegabten der Erde, endlich ihre exzellenten Fähigkeiten sinnvoll einzusetzen:
»Wir mögen noch so oft betonen, der menschliche Intellekt sei kraftlos im Vergleich zum menschlichen Triebleben, und Recht damit haben. Aber es ist doch etwas Besonderes um diese Schwäche; die Stimme des Intellekts ist leise, aber sie ruht nicht, ehe sie sich Gehör geschafft hat. Am Ende, nach unzählig oft wiederholten Abweisungen, findet sie es doch. Dies ist einer der wenigen Punkte, in denen man für die Zukunft der Menschheit optimistisch sein darf ...« (*Ges. Werke* Bd. XIV, S. 377).

1928

erscheint WILLIAM STERNS Studie über *Die Intelligenz des Kindes*, worin erstmals der Begriff *Hochbegabung* nachzuweisen ist. Der deutschamerikanische Psychologe (1877–1956) ist einer der Pioniere der Intelligenzforschung und Entwicklungspsychologie; er prägt → 1912 den Ausdruck *Intelligenzquotient (IQ)* als Maß der Stellung, welche eine getestete Person im Vergleich mit Altersgenossen einnimmt.

1930

schreibt SIGMUND FREUD in seiner pessimistischen Abhandlung *Das Unbehagen in der Kultur* diesen geradezu prophetischen Satz: »Es klingt nicht nur wie ein Märchen, es ist direkt die Erfüllung aller – nein: der meisten – Märchenwünsche, was der Mensch durch seine Wissenschaft und Technik auf dieser Erde hergestellt hat ...« Er nennt den Menschen deshalb einen »Prothesengott«. (*Ges. Werke* Bd. XIV, 450 f.)
Nun – die *Prothesengötter*, die sich heute des Computers, des Internets und anderer (nicht zuletzt militärischer) Hilfsmittel der Hightech

bedienen – das ist vor allem die kleine Gruppe der Hochbegabten, die solche Prothesen nicht nur entwickeln, sondern auch damit handeln und sie sich auch finanziell leisten können.

Der englische Philosoph OLAF STAPLEDON (1886–1950) legt in seinem mehr dokumentarischen als erzählenden utopischen Roman *Last and First Men* (dt. 1983: *Die letzten und die ersten Menschen*) ein faszinierendes Panorama der Evolution der Menschheit in 18 kommenden Spezies vor, bis zum Aussterben der Erdenmenschen einige Millionen Jahre in der Zukunft. (Zwei Jahre später übertrifft der Autor diese grandiose Vision noch in seiner Geschichte des gesamten Universums: *Star Maker* sieht die Menschen nur als eine von vielen Möglichkeiten kosmischen Bewusstseins, bis hin zu intelligenten Sternen und einem alles umfassenden göttlichen Wesen, eben dem *Sternenmacher*.)

1932
erscheint in London der utopische Roman *Brave New World* (dt.: *Schöne Neue Welt*), in dem ALDOUS HUXLEY genetisch manipulierte Menschen vorstellt, deren Intelligenz bewusst gemindert wurde, um sie als Arbeitssklaven einzusetzen. Wer überdurchschnittlich intelligent ist, wird in diesem Utopia ebenfalls ausgesondert und auf eine Insel verbannt. (In seinem Roman *The Genius and the Goddess* hat HUXLEY → 1955 das Hochbegabten-Thema ein weiteres Mal variiert.)

Im Herbst des Jahres verpflichtet sich in Leipzig ein junger Mann namens PAUL ALFRED MÜLLER, für den Bergmann-Verlag jede Woche ein Manuskript (von ungefähr 50 Schreibmaschinenseiten) für einen Heftroman abzuliefern. Die Serie[8] läuft über 150 Etappen und trägt den Titel *Sun Koh – der Erbe von Atlantis*. Sie ist zunächst eine unglaubliche physische und intellektuelle Leistung MÜLLERS, der dies neben seinem Vollzeitberuf als Direktor einer Berufsschule bewältigt und Heft für Heft, wie einen Fortsetzungsroman in einer Zeitung, seiner späteren Verlobten druckreif in die Schreibmaschine diktiert. Darüber hinaus ist die Serie eine unglaublich spannende und zudem lehrreiche Geschichte eines hochintelligenten Super-Helden, der die ganze Welt bereist, um allerlei Abenteuer zu bestehen und sich auf den prophezeiten Wiederaufstieg des versunkenen Kontinents At-

---

[8] HEINZ J. GALLE veröffentlicht 2003 eine ausführliche, kompetente und reich illustrierte Studie über diese Serie und ihren Helden. *Sun Koh* bekommt zeitgleich eine eigene Website im Internet (www.SunKoh.de), und 2004 wird die gesamte Serie in einer kritisch dokumentierten Liebhaberausgabe neu editiert.

lantis (→ 10 000 v. Chr.) vorzubereiten. Ich erwähne dies hier in der Zeittafel, weil zum einen der Autor (sein damaliges Pseudonym war LOK MYLER, sein späteres nach dem Krieg FREDER VAN HOLK) deutliche Merkmale eines Hochbegabten zeigt (u.a. war er ein exzellenter Schachspieler) – vor allem aber sein Held SUN KOH deutlich als ein ungewöhnlich talentierter Mensch dargestellt wird.

1933
Im Jahr von HITLERS Machtergreifung veröffentlichen ALBERT EINSTEIN und SIGMUND FREUD ihren kurzen Briefwechsel *Warum Krieg?*, der bis in die Gegenwart an Bedeutung nicht verloren, sondern gewonnen hat.

ADOLF HITLER (1880–1945) ist der Prototyp des nach Weltherrschaft strebenden soziopathischen Hochbegabten, dem kein Mittel zu schade ist, um seine Pläne zu verwirklichen. Mit der Machtergreifung 1933 kommt er dem Ziel seiner größenwahnsinnigen Fantasien einen wesentlichen Schritt näher.

1935
Der utopische Roman *Odd John* (dt.: *Die Insel der Mutanten*) des englischen Philosophen OLAF STAPLEDON (1886–1950) beschreibt den Kampf einer intellektuellen Superrasse gegen die normalen Menschen, welche diese Mutanten schließlich vernichten. Dieses gelingt ihnen allerdings nur, weil ODD JOHN und seinesgleichen resignieren und einsehen, dass sie nur dann überleben könnten, wenn sie ihre Überlegenheit zur Vernichtung des Homo sapiens einsetzen – was jedoch gegen ihre ebenfalls höherwertige Moral verstößt. (Ähnliche Motive findet man bei KRESS → 1993 und in dem Film *X-Men* → 2000.)

1936
Am 13. September gründet HEINRICH HIMMLER (1900–1945), im Rahmen seines Projekts *Ahnenerbe*, den *Lebensborn* als Kinderheim für die (unehelichen) Kinder von SS-Männern. Das *Ahnenerbe* ist der bislang umfassendste Versuch, gezielt einen »neuen Menschen« zu züchten. Verwandte Vorläufer gab es freilich schon viel früher: Die bewussten Heiratsregeln des Adels gehören hier ebenso her wie die – religiös motivierten – Geschwister(Inzest-)Ehen der ägyptischen Pharaonen. Alle modernen Cloning-Experimente und -Projekte schließen nahtlos an den (Un-)Geist der Nazi-Züchter an.

Seit diesem Jahr existiert der Magister-Studiengang des Iowa Writer's Workshop. »Dort haben bekannte Autoren wie FLANNERY

O'CONNOR, JOHN IRVING, JANE SMILEY oder T.C. BOYLE studiert – geschadet hat es ihnen offenbar nicht.« (*Focus* Nr. 51 vom 16. 12. 1996).

1938

Jeder zweite hochbegabt Mensch ist eine Frau – allein in Deutschland dürften dies 1,2 Millionen sein (Stand 2004). Doch noch heute gelingt es kaum einer weiblichen Aspirantin, in die höheren Gefilde der Wirtschaft oder Forschung aufzusteigen. Ein beschämendes Beispiel, wie ein solcher Aufstieg eines exzellenten weiblichen Talents behindert und – selbst nach höchst beeindruckendem Erfolg – sabotiert und geleugnet wird, ist das Leben der Physikerin LISE MEITNER. Sie wächst in Wien auf, forscht jedoch in Deutschland. Für das, was die Deutschen – und nicht zuletzt ihre deutschen Wissenschaftler-Kollegen inklusive Nobelpreisträgern wie WERNER HEISENBERG – dieser Frau angetan haben, gibt es keine Entschuldigung. Die Biographen sind sich weitgehend einig, dass 1945 eigentlich ihr der Physik-Nobelpreis für die Entdeckung der Kernspaltung (im Jahr 1938) zusteht – oder zumindest gemeinsam mit OTTO HAHN. Aber HAHN bekommt ihn allein und nimmt ihn widerspruchslos an. Es dauert Jahrzehnte, bis man sie überhaupt als eigentliche Entdeckerin rehabilitiert. Da hat MARIE CURIE (→ 1903) mehr Glück, die den Nobelpreis sogar gleich zweimal erhält!

Die Nationalsozialisten verjagen LISE MEITNER, weil sie Jüdin ist, und sie hat noch Glück, die Verfolgung in Schweden zu überleben. Anders als ihre männlichen Kollegen macht sie sich auch Gedanken darüber, was ihre Entdeckung angerichtet hat, die ja auch zur Entwicklung der Atombombe führte – und dass die deutschen Wissenschaftler die Augen verschlossen gegenüber dem, was im Dritten Reich außerhalb ihrer Labors vor sich geht: »Ihr habt auch alle für Nazi-Deutschland gearbeitet und habt auch nie nur einen passiven Widerstand zu machen versucht ...« (zit. nach FISCHER, S. 104).

Ab 1939

entwickelt der amerikanische Psychologe DAVID WECHSLER (1896 bis 1981) am New Yorker Bellevue-Hospital einen Intelligenz-Test, der auch für Erwachsene geeignet ist. Dieser *Wechsler Bellevue-Test* löst ein Problem, das die bis dahin vor allem an Kindern und für Kinder entwickelten Tests (→ 1908) mit sich bringen: Nachdem bei Erwachsenen die Intelligenz ungefähr gleich bleibt, ist es unsinnig, die für spezielle Altersstufen bei Kindern zugeschnittenen und sich allmählich in der Schwierigkeit steigernden Aufgaben-Serien zu übernehmen.

1956 wird der Test von BONDY auf deutsche Verhältnisse übertragen und neu standardisiert. Er ist der wahrscheinlich verbreitetste Test weltweit und heißt in der deutschen Version *Hamburg Wechsler Intelligenztest für Erwachsene (HAWIE)*. Es gibt außerdem eine entsprechende Version für Kinder, den *HAWIK*.

1940er Jahre

Der amerikanische Psychologe LOUIS LEON THURSTONE (1887–1955) entwickelt das mathematische Verfahren der *Multiplen Faktorenanalyse*. Mit seiner Hilfe ist es möglich, den Zusammenhang (*Korrelation, Ladung*) zwischen den verschiedenen Faktoren der Intelligenz und dem Grundfaktor »g« (→ 1904 SPEARMAN) zu berechnen.

(THURSTONE ist auch der Organisator des *Army Alpha*-Tests, der ersten Massentestung der Intelligenz → 1917.)

Beginn der modernen *Creative Writing*-Bewegung in den USA mit Schreibseminaren an immer mehr Universitäten, welche bereits etablierte Schriftsteller mit schreibinteressierten Studenten durchführen.

(Vgl. auch → 80er Jahre in Deutschland und die Workshops der SF-Autoren → 1936 Iowa, → 1956 in Milford und → 1964 in Clarion.)

Informatiker wie NORBERT WIENER und JOHN VON NEUMANN beginnen mit der Entwicklung einer neuen fächerübergreifenden wissenschaftlichen Disziplin: der *Kybernetik* (= Wissenschaft von der Steuerung von Abläufen in natürlichen oder künstlichen komplexen Systemen). Diese Methoden und Betrachtungsweisen erweisen sich auch für lebendige Systeme als nützlich und werden bald in der Biologie, Soziologie und schließlich in der (Informations-)Psychologie eingesetzt (s. auch → 1948 WIENER, → 1983 VESTERS *Vernetztes Denken*).

1940

erscheint »Robby« – die erste der bekannten Roboter-Geschichten von ISAAC ASIMOV. Dieser Geschichten-Zyklus beschreibt – in Form von Gesprächen mit der (fiktiven) Robotpsychologin SUSAN CALVIN – die Entstehung von menschenähnlichen Computern mit einer Art künstlicher Intelligenz, die schließlich den Menschen überlegen sind. Ähnlich wie bei JACK WILLIAMSON (*The Humanoids*, ebenfalls 1940) fängt hier eine Tradition an, die sich, beginnend mit rein phantastischen Abenteuern, ein halbes Jahrhundert später zu einer offiziellen Denkrichtung innerhalb der Kybernetik (→ 1948) und Informatik entwickelt und ihren einstweiligen Höhepunkt bei KURZWEIL findet (→ 1999). Dieser vermutet sogar, dass in naher

Zukunft superintelligente Maschinen die Menschen als Bewohner des Planeten Erde ablösen (→ 2029, → 2099).

1941

setzt KONRAD ZUSE (1910–1995) in Berlin den ersten Computer zusammen. Ohne es zu wissen, gibt er damit den Startschuss zur *Zweiten Industriellen Revolution* (auch → 1765). Ohne die Computer, ab den 1980er Jahren vor allem in Form der wesentlich kleineren PCs, wäre die zunehmende Automation der Fertigungsabläufe in den Fabriken und immer mehr anderen Arbeitswelten nicht möglich gewesen. Ab → 1969 wird sie ergänzt durch den Aufbau des Internets.

Für viele Hochbegabte wird der PC im dritten Jahrtausend zum bevorzugten Denk- und Kreativitäts-Werkzeug.

1945

ALFRED EATON VAN VOGT (*1912) schreibt eine Reihe komplexer SF-Erzählungen, die immer von Superhelden mit extrem hohem IQ handeln. Am bekanntesten davon wird der 1945 erstmals veröffentlichte Roman *World of Null-A*. Im Jahr → 2650 lenkt in dieser Erzählung eine gewaltige Rechenmaschine die Geschicke der Menschheit.

Wie bei PHILIP K. DICKS *Solar Lottery* (→ 1955) läuft jedoch einiges verkehrt, woraus die Geschichte ihre Handlung und Spannung bezieht.

Moderne (ab 1946)

1946

wird im britischen Universitätsstädtchen Cambridge ein Club für Hochbegabte gegründet. Einzige Voraussetzung, um aufgenommen zu werden: Man muss einen IQ von 130 aufwärts vorweisen. Die Website des deutschen Ablegers des Vereins (www.mensa.de/famous/famous.html) führt Beispiele bekannter *Mensaner* auf, von denen einige – wen wundert's – sogar weltberühmt sind: ISAAC ASIMOV (bekannter Autor von 200 Science Fiction- und Sachbüchern), RICHARD BUCKMINSTER FULLER (Universal-Gelehrter, u.a. Erfinder der geodätischen Kuppeln), SIR CLIVE SINCLAIR (gilt als Erfinder des Taschenrechners), JEAN M. AUEL (Autorin von *Ayla und der Clan des Bären*), JOYCE CAROL OATES (Autorin u.a. von *Ein Garten irdischer Freuden*), JANUSZ MAJURSKY (Präsident der polnischen Filmakademie).

1947

Der amerikanische Psychologe LOUIS LEON THURSTONE (1887 bis 1955) publiziert sein Hauptwerk *Multiple factor analysis* (s. auch → 1940-er Jahre).

Laut einer Umfrage des GALLUP-Instituts in Louisville im US-Staat Kentucky möchten 3,4 Prozent der Befragten »vom Schreiben leben« können. Überträgt man dieses Ergebnis auf die Bundesrepublik (2004: 82 Millionen Einwohner), so kommt man auf die stattliche Anzahl von 2,8 Millionen Menschen.

Diese Zahl stimmt verblüffend genau überein mit dem Anteil der Hochbegabten an der Gesamtbevölkerung: rund drei Prozent. Da Lesen und Schreiben das wichtigste geistige Werkzeug für Hochbegabte darstellt, liegt es auf der Hand, hier einen Zusammenhang anzunehmen: Ähnlich wie frühes Lesenlernen (vor Schuleintritt) ein typisches Merkmal für Hochbegabung ist (man könnte sagen: das Zeichen für große Neugier = Aufnahme von Informationen) stellt eigenständiges, durch eigenes Interesse motiviertes Schreiben ein weiteres typisches Merkmal für Hochbegabung dar: die intensive Abgabe von Informationen.

1948

NORBERT WIENER, ein mathematisches Wunderkind, veröffentlicht in den USA seine Studien zur *Kybernetik* (dt. 1963). Es handelt sich um einen neuartigen wissenschaftlichen Ansatz, der disziplinenübergreifend ist und sich, zusammen mit der Informationstheorie, unglaublich fruchtbar auf die Biologie, Psychologie, Soziologie, Wirtschaftswissenschaft, Politikwissenschaft und viele andere Bereiche auswirkt (s. auch FREDERIC VESTERS *Vernetzendes Denken* → 1983).

Im selben Jahr erscheint im amerikanischen Magazin *Astounding Science Fiction* eine Kurzgeschichte, die auf den ersten Blick deplatziert wirkt, denn diese Zeitschrift veröffentlicht sonst vor allem Storys von und über tüchtige Ingenieure und Naturwissenschaftler. Aber *In Hiding* stammt zum einen von einer Frau und noch dazu einer Lehrerin, zum anderen handelt sie von ungewöhnlich begabten Kindern. Dies stellt den Anfang einer ganzen Reihe solcher Geschichten dar, die WILMAR SHIRAS zu dem Roman *Children of the Atom* zusammengefasst hat. Davon habe ich die Bezeichnung *Shiras-Kinder* für Hochbegabte abgeleitet, die in der Schule bewusst ihr »Licht unter den Scheffel stellen«, um nicht aufzufallen (zur Hochbegabung in der Science Fiction s. mein Buch *Das Drama der Hochbegabten*, Kap. 9).

1949

erscheint in New York JOSEPH CAMPBELLS mythologische Studie *Die Reise des Helden* (auch → C. G. JUNG 1911).

1951

taucht der Begriff *Hochbegabung* im deutschen Sprachraum (nach STERN → 1928) erneut bei dem Schweizer Psychologen RICHARD MEILI auf, danach bei PETER R. HOFSTÄTTER von der Universität Hamburg (1957) und bei F. J. MÖNKS (1963). Die Hochbegabtenforschung selbst spielt in Deutschland praktisch keine Rolle, nicht zuletzt diskreditiert durch Rassenideologie und Elitenzüchtungsprojekte des Dritten Reichs (→ 1936). Erst Anfang der 80er Jahre erwacht das Interesse wieder (→ 1984 HELLER, → 1986 STAPF →1987 ROST).

Im selben Jahr kommt der utopische Film *Der Tag, an dem die Erde stillstand* (Regie: ROBERT WISE) in die Lichtspieltheater. Der Plot: Mitten in Washington DC landet ein UFO von einem fernen Planeten. Der außerirdische Abgesandte KLAATU (MICHAEL RENNIE) wird begleitet von einem großen Roboter mit unvorstellbarer Kampfkraft. KLAATU kommt in friedlicher Absicht; aber zuerst muss er die verfeindeten irdischen Großmächte durch eine gewaltige Machtdemonstration von der Sinnlosigkeit gewalttätiger Auseinandersetzung überzeugen. Der Film (1951 gedreht, auf einem Höhepunkt des Kalten Krieges!) spielt Ende der 50er Jahre – aber er ist im Jahr 2004 noch immer aktuell und zukunftsweisend.

Bezug zum Thema Hochbegabung: KLAATU, der außerirdische Abgesandte, ist selbst den klügsten Erdenmenschen weit überlegen. Er demonstriert das, als er eine schwierige physikalische Gleichung des berühmten Professor BARNHARDT (ein deutlich nach EINSTEIN gestaltetes Genie) korrigiert.

In der ursprünglichen Geschichte von HARRY HATES, die dem Drehbuch zugrunde liegt, sind die Roboter die eigentlichen Herrscher des Universums und ihren menschlichen Schöpfern inzwischen weit überlegen; im Film ist dies nur angedeutet.

1953

erscheint *Wege und Abwege der Psychologie* von HANS JÜRGEN EYSENCK (1916–1997), einem vehementen Verfechter der Vererbungstheorie der Intelligenz, die er u.a. in diesem Buch entwickelt.

Der Brite FRANCIS CRICK (*1916) und der US-Amerikaner JAMES WATSON (*1928) entschlüsseln die Struktur der Desoxyribonukleinsäure (DNS). Sie stellen diese 1953 in Form der weltberühmten *Doppelhelix* vor; 1962 erhalten sie dafür (mit dem neuseeländischen Physiker WILKINS) den Nobelpreis für Physiologie und Medizin. Wie im Fall LISE MEITNERS (→ 1938) geht eine Frau leer aus: ROSALIND FRANKLIN, welche die Röntgenaufnahme herstellte, mit deren Hilfe CRICKS und WATSONS Fund überhaupt erst gelingen konnte.

Diese Entdeckungen eröffnen den Zugang zur gezielten Erforschung des menschlichen Erbguts. Die Entschlüsselung des menschlichen Genoms (in groben Zügen → 2001 abgeschlossen) heizt viele Fantasien der Genetiker an, wie man das Erbgut verbessern könnte, nicht zuletzt die Intelligenz. Solche Projekte sind allerdings – wie die Visionen der KI-Forscher (→ KURZWEIL 1999) – ziemlich absurd angesichts der Tatsache, dass Millionen (!) der real bereits lebenden Hochbegabten Underachiever sind und ihr angeborenes Potenzial gar nicht verwirklichen (→ 2004).

1954

präsentiert RUDOLF AMTHAUER den *Intelligenz-Struktur-Test (IST)*, der heute noch in Deutschland der am häufigsten verwendete Test bei Einstellungsgesprächen sein soll. Fast zur gleichen Zeit (→ 1956) adaptiert CURT BONDY den ab → 1939 von dem amerikanischen Psychologen DAVID WECHSLER entwickelten Intelligenz-Test für deutsche Verhältnisse.

Von ERICH NEUMANN, dem wohl bedeutendsten Schüler C.G. JUNGS, erscheint das Buch *Kunst und das schöpferische Unbewusste*. Wer tiefenpsychologisch interessiert ist, findet in den Büchern NEUMANNS viele Anregungen zur Kreativitätspsychologie, vor allem in seiner *Ursprungsgeschichte des Bewusstseins* (1949).

1955

macht ALDOUS HUXLEY in seinem Roman *The Genius and the Goddess* den hochbegabten Henry Maartens »mit dem hochkomplizierten überzüchteten Gehirn« zur Hauptfigur; er konfrontiert ihn mit seiner Frau Katy, einer »Göttin von olympischer Schönheit«. Beide werden in das konfliktreiche Spannungsfeld zwischen Eros und Gelehrsamkeit (in diesem Beispiel: Atomphysik) gestellt, in das auch der junge Dr. Rivers gerät. (Mit dem Thema Genie/Hochbegabung hat HUXLEY sich auch → 1932 in seinem Zukunftsroman *Schöne Neue Welt* befasst.)

Im selben Jahr erscheint in den USA *Solar Lottery*, der erste utopische Roman des amerikanischen Autors PHILIP K. DICK (1928–1982). Diese Lotterie eröffnet im 21. Jahrhundert jedem Menschen im Rahmen eines gigantischen Zufalls-Spiels den Zugang bis in die höchsten Positionen der scheinbar äußerst demokratischen Gesellschaft. Plot des Romans ist allerdings, dass genau diese viel versprechende Prämisse von einer Clique (hochbegabter) Mächtiger an der Regierungsspitze permanent im Sinne des Erhalts ihrer Macht unterlaufen wird, welche die Lotterie manipuliert. (Ein ähnliches Motiv findet man in *World of Null-A* von A. E. VAN VOGT → 1945.)

DICK wird bald zu einem der profiliertesten Repräsentanten der modernen Science Fiction, weil er nicht nur ein äußerst begabter Autor mit einer großen Portion scharfsinniger Sozialkritik ist, sondern auch mit viel philosophischer Tiefe schreibt. Es ist kein Zufall, dass schon sechs seiner Werke verfilmt wurden, darunter *Blade Runner* (1982, nach seinem Roman *Do Androids dream of Electric Sheep?*), *Total Recall* (1990) und *Minority Report* (2002, von STEVEN SPIELBERG) (Weitere Informationen auf »www.philipkdick.com«).

1956

adaptiert CURT BONDY (1894–1972) den ab → 1939 von dem amerikanischen Psychologen DAVID WECHSLER entwickelten Intelligenz-Test für deutsche Verhältnisse.

Einige bekannte amerikanische SF-Autoren gründen in Milford, Pennsylvania, die *Milford Science Fiction Writers Conference*. Dort setzen sich etablierte Autoren (u.a. DAMON KNIGHT) mit Anfängern des Me-

tiers zusammen und vermitteln in der Funktion von Mentoren in einer entspannten, freundschaftlichen Atmosphäre berufliche und handwerkliche Erfahrungen. Dabei wird stets an konkreten Text-Projekten gearbeitet.
Aus dieser Writers Conference entsteht bald darauf der Berufsverband der *Science Fiction Writers of America*.
(Ein ähnliches Unternehmen startet Ende der 90er Jahre die *Bundesakademie Wolfenbüttel* → 2004.)

Ebenfalls in den USA kommt *Forbidden Planet* (dt.: Alarm im Weltall) in die Kinos. Er ist typisch für viele Filme mit utopischen Themen: ein genialer Wissenschaftler, eine viele Jahrtausende weiter entwickelte außeriridische Zivilisation, ein Roboter mit recht eigenständiger Intelligenz. (Untypisch ist die für die 50er Jahre gute Qualität des Drehbuchs und seiner filmischen Umsetzung.)

1957
löst der Start des ersten sowjetrussischen Erdsatelliten Sputnik hektische Anstrengungen der westlichen Nationen und insbesondere der USA aus, die kreativen Ressourcen der Bevölkerung zu erkunden und zu aktivieren. Dies ist eine Art Startschuss für die moderne Kreativitätspsychologie und nicht zuletzt auch für die Hochbegabtenforschung und -förderung in den Ländern des Westens.

1958
wird am 8. Oktober in den USA die NASA (National Aeronautics and Space Administration) gegründet. Nach dem Sputnik-Schock (→ 1957) weist Präsident JOHN F. KENNEDY die NASA an, binnen eines Jahrzehnts die erste Landung eines Menschen auf dem Mond zu bewerkstelligen, die tatsächlich bereits → 1969 gelingt.
Die NASA dürfte die größte Ansammlung Hochbegabter (Ingenieure und Naturwissenschaftler) sein, die man gezielt für eine bestimmte Aufgabe versammelt hat – anders als das *Silicon Valley*, das nach und nach von allein entstanden ist (vgl. damit die Erforschung des *Ötzi* ab → 1992).

1959
erscheint in Frankreich der von FÉRDY CHAPUIS aus früheren Versuchen anderer Psychologen (→ 1899 SMALL, → 1915 PORTEUS) entwickelte *Labyrinth-Test*.

FRIEDERIKE NOSSBERGER-EIDLER macht in Wien ein interessantes Experiment: Sie wählt nach dem Zufall 40 Knaben aus, deren Intelligenzgrad sie mit Hilfe von drei I-Tests festlegt. Danach lässt sie deren Intelligenz von verschiedenen Leuten schätzen und zwar auf zwei Arten: nach dem Gesichtseindruck in natura und anhand eines Fotos. Die Beurteilung erfolgt jeweils zweimal: zunächst nur fünf Sekunden lang, dann mit beliebig langer Betrachtungszeit. Die Treffsicherheit ist sehr gering – auch bei den Berufsangehörigen, denen man eine gute Schätzung solcher Persönlichkeitsmerkmale zutraut (Lehrer, Erzieher, Psychologen). Offenbar bestehen weit verbreitete Vorurteile dahingehend, »wie ein intelligenter Mensch aussieht«. Dieses *physiognomische Stereotyp* beinhaltet für als »sehr intelligent« eingestufte Personen: hohe Stirn, anliegende Ohren, schmale Nase.

Das Ergebnis dieses interessanten Versuchs lässt sich gut auch auf die schon erwähnten Theorien von ARISTOTELES (→ 350 v. Chr.) und LAVATER (→ 1775) übertragen: Vom Äußeren lässt sich die Intelligenz eines Menschen nicht ablesen. Schon eine Brille kann für viele Betrachter die Intelligenz auch dummer Menschen deutlich aufwerten – weil lange Zeit das Tragen von Brillen eher den Intelligenzberuflern zugeschrieben wurde (was ja früher auch gegolten haben mag, weil da wirklich nur gebildete Leute lasen und Lesebrillen trugen – oder weil Brillen für normale Sterbliche viel zu teuer waren).

In einem SF-Magazin erscheint die Kurzgeschichte *Flowers for Algernon* von DANIEL KEYES. Darin wird der (fiktive) Aufstieg des schwachsinnigen Charly beschrieben, der durch einen chirurgischen Eingriff zum Genie mit einem IQ von 185 wird – wenn auch nur für kurze Zeit. KEYES macht daraus später (1966) einen eindrucksvollen Roman, der auch erfolgreich verfilmt wird (*Charly*, 1967); CLIFF ROBERTSON erhält 1969 einen Oscar für seine Darstellung des CHARLY GORDON.

P. C. SNOW hält seine viel beachtete, kontrovers diskutierte Read-Lecture über die *Zwei Kulturen*. Er beschreibt den Konflikt zwischen der »alten« (ersten) Kultur der Geisteswissenschaften und Literatur einerseits und der »neuen« (zweiten) Kultur der Naturwissenschaften und Technik andererseits, der seit der Renaissance und vermehrt seit der Aufklärung schwelt. Vor allem Naturwissenschaftler lehnen Snows Thesen ab, weil sie sich als Überwinder der ersten Kultur und Schöpfer einer *Dritten Kultur* sehen (→ 1995 ein Reader gleichen Titels).

In den 60er Jahren

beginnen Psychologen, die Erkenntnisse und Methoden der → Kybernetik auf die Systeme und Abläufe der menschlichen Psychologie zu übertragen (z.B. auf → Vernetzendes Denken → 1983 VESTER und → 1940 und 1948 WIENER)

1961

veröffentlicht der amerikanische Psychoanalytiker LAWRENCE KUBIE seine Studie *Neurotic Distortion of the Creative Process*. Von einigen Arbeiten FREUDS (z.B. über LEONARDO DA VINCI) und K. R. EISSLERS (GOETHE, LEONARDO DA VINCI) abgesehen, ist dies eine der wichtigsten Mongrafien zum tiefenpsychologischen und psychoanalytischen Verständnis von Kreativität und Hochbegabung. Der Titel der deutschen Ausgabe von 1966 (*Psychoanalyse und Genie*) führt allerdings in die Irre; der Untertitel *Der schöpferische Prozess* trifft es genauer.

1962

Thomas Kuhn veröffentlicht seine wissenschaftshistorische Studie *The Structure of Scientific Revolutions*. Darin führt er den Begriff *Paradigmenwechsel* für eine umwälzende Änderung im Weltbild ein (→ 1915).

1963

Der in Österreich aufgewachsene und nach den USA emigrierte Psychoanalytiker K.R. EISSLER legt seine zweibändige Studie über *Goethe* vor – eine der wichtigsten biografischen Arbeiten aus dem Bereich der Psychoanalyse und der Kreativitätspsychologie (deutsche Ausgabe 1986).

1967

gründen in England Eltern hochbegabter Kinder mit Problemen die *National Association of Gifted Children (NAGC)*; als Logo des Vereins wählt man das Labyrinth der Kathedrale von Chartres (→ 1216).

Diese Institution wird einige Jahre später zum Vorbild für die → 1978 auf dem Festland gegründete »Deutsche Gesellschaft für das hochbegabte Kind« (DGhK).

1968

Das Jahr 1968 ist wie das folgende Jahr 1969 und das Jahr → 1895 ein Schlüsseljahr der Kulturgeschichte, das viele Epoche machende Neuerungen bringen. Im öffentlichen Bewusstsein ist dieser historische Punkt vor allem mit der *68er-Bewegung* verbunden, speziell in Form der Studentenproteste gegen den Vietnam-Krieg. In den USA, Frankreich, Deutschland und Italien gehen nicht nur kritische linke Studenten zu hunderttausenden auf die Straße und demonstrieren. Dass sich Bundeskanzler GERHARD SCHRÖDER, ein *linker* Student der damaligen Zeit, → 2003 vehement einer Beteiligung Deutschlands am Krieg der USA und

Englands gegen den Irak verweigert, hat mit hoher Wahrscheinlichkeit dort seine Wurzeln. (Details zur 68er Bewegung bei HOLTEY-GILCHER 2001).

Im selben Jahr und im Jahr darauf ereignet sich noch anderes, vielleicht sogar Wichtigeres:

Die angesehene Fachzeitschrift *Science* befragt 120 Wissenschaftler zu ihren Ansichten über das Schicksal der Menschheit in den kommenden Jahrzehnten. Die Antworten sind übereinstimmend – und niederschmetternd: Wenn es nicht gelänge, bis zum Jahr → 2026, also im Verlauf der nächsten beiden Generationen, in wesentlichen Bereichen das Ruder nachhaltig herumzuwerfen, werde der *point of no return* für positive Veränderungen überschritten und es gäbe keine Chance mehr für die Menschheit, sich die Welt als angenehmen Ort einzurichten.

Zu diesen Bereichen gehören die Bevölkerungsexplosion, die Kriege, die Umweltverschmutzung, die Klimaveränderung sowie Armut und Hunger in weiten Teilen der Welt.

Der *Club of Rome*, ein informeller Zusammenschluss von etwa 70 Mitgliedern (Wissenschaftler der verschiedensten Provenienz, Industrielle, Wirtschaftler, Humanisten) aus 25 über die ganze Erde verteilten Staaten, wird in der Accademia dei Lincei in Rom gegründet, um die Ursachen und inneren Zusammenhänge der sich immer stärker abzeichnenden kritischen Menschheitsprobleme zu ergründen. »Mit seiner öffentlichen Tätigkeit verfolgt der Club die Absicht, die politischen Entscheidungsträger in aller Welt zur Reflexion über die globale Problematik der Menschheit anzuregen.« (EDUARD PESTEL 1972, S. 9)

RUTH COHN hält das (psychoanalytische) Gegenübertragungs-Seminar ab, aus dem sie bald darauf die *Themenzentrierte Interaktion (TZI)* entwickelt. Diese Methode, mit Gruppen zu arbeiten, ist ein exzellentes Werkzeug für Hochbegabte, die damit ihr Talent zur Vernetzung von Menschen optimieren können.

Zu Beginn der 70er Jahre veranstaltet RUTH COHN erste Seminare im deutschsprachigen Raum, aus denen das *Workshop Institute for Living Learning (WILL)* entsteht, das ab 2000 – für den gesamten europäischen Raum – als *TZI-Forum* firmiert (www.tzi-forum.ch).

ALETHEA HAYTERS Studie über *Opium and the Romantic Imagination* erscheint, worin sie die Einflüsse von Rauschdrogen auf die Kreativität bekannter Autoren untersucht.

Am Clarion State College in Pennsylvania/USA beginnt eine Reihe von Workshops für angehende Autoren der Science Fiction. Etablierte Schriftsteller wie ORON SCOTT CARD, DAMON KNIGHT, URSULA K. LE GUIN und KATE WILHELM führen die Neulinge in die handwerklichen Aspekte des Genres ein. Diese *Clarion Science Fiction Writers Workshops* werden bis 1991 durchgeführt, insgesamt 24 Mal. Sie sind (ähnlich wie die von Milford → 1956) interessante Varianten von *Creative Writing*-Seminaren.

ERICH VON DÄNIKEN präsentiert in *Erinnerungen an die Zukunft* die These, dass frühe Großleistungen der Menschheit wie die Pyramiden in Wahrheit von außerirdischen Intelligenzen errichtet oder beeinflusst worden seien, welche vor Jahrtausenden die Erde besuchten. Das Buch wird, wie VON DÄNIKENS nachfolgende Werke, ein Weltbestseller. Kritiker (GADOW, KHUON) monieren, dass der Autor fremde Quellen plündert, ohne sie zu nennen, oder falsch zitiert und einiges aus freien Stücken dazufantasiert hat.

Ich gehe davon aus, dass es sich bei diesen sagenhaften *Astronautengöttern* in Wahrheit um hoch- und höchstbegabte Erdenmenschen handelte, die durchaus sehr früh schon zu außergewöhnlichen Leistungen im Stande waren (→ Anfang dieser Zeittafel).

STANISLAW LEM veröffentlicht in Polen seinen Roman *Solaris*, der zwei Regisseure zu einer Verfilmung anregt: den Russen ANDREJ TARKOWSKIJ und den Amerikaner Steven Soderbergh (→ 2002).

1969
Aus einem 1969 zunächst für das US-amerikanische Militär konzipierten Vorläufer namens Arpanet entsteht in den 80er Jahren das Internet. Um die Jahrtausendwende zeigt sich, dass es auch dem Schreiben völlig neue Möglichkeiten eröffnet – zum Beispiel in Form der Zusammenarbeit mehrerer Autoren an einem gemeinsamen Projekt.

Für Recherchen ist das Internet inzwischen genauso unverzichtbar wie ein eigenes Archiv und eine eigene Bibliothek. Außerdem hat es bei einer Reihe von Autoren merklich den Schreibstil verändert: Wer einmal den Spaß am Surfen durch dieses gewaltige Menschheitsgedächtnis entdeckt hat, wird geradezu automatisch veranlasst,
– frei assoziierend zu denken und zu schreiben und
– Texte nicht mehr nur als linear-logische Gedankenketten zu
 betrachten, sondern (auch) als Hypertext-Systeme, deren Gedanken-Module vielfach miteinander vernetzt sind.

→ 2004 hat schon jeder zweite Bundesbürger über 14 Jahren Zugang zu diesem Netzwerk. Nutzeranalysen zeigen deutlich, dass insbesondere die gebildeteren und besser verdienenden (ergo wohl auch: intelligenteren) Menschen in den westlichen Industrieländern die größten Nutzer und Nutznießer sind.
Am 20. Juli 1969 findet der erste bemannte Flug zum Mond statt. Mit NEIL ARMSTRONG und EDWIN ALDRIN verlassen zum ersten Mal Menschen ihre angestammte Heimat im Kosmos. (Dies ist die technische Krönung der Berechnungen des NIKOLAUS KOPERNIKUS von → 1543.)

1970
beschäftigen sich die Ingenieure und Wissenschaftler der neu entstehenden *Computer Sciences* nicht nur mit der Entwicklung und Erforschung von Computersprachen, sondern erfinden für ihre Freizeitvergnügen auch Spiele für das neue Gerät. Grundstruktur ist – auch bei den meisten späteren Computer-Spielen – der Irrgarten. Das erste dieser Spiele nennen sie dementsprechend *Maze* (auch → 1982).

Lese-Rechtschreib-Schwäche ist nachweislich kein Zeichen mangelnder Intelligenz. So erweisen sich 1970 nach einer Studie des Schweizer Pädagogen PETER LORY 52 Prozent der 120 von ihm untersuchten Legastheniker als durchschnittlich oder sogar überdurchschnittlich begabt.

1971
schlägt S. P. MARLAND dem Kongress der USA folgende Definition für Hochbegabung vor: Es sind jene durch Experten zu identifizierenden Kinder als hochbegabt anzusehen, die aufgrund ihrer außergewöhnlichen Fähigkeiten zu hohen Leistungen imstande sind. Das hohe Fähigkeitsniveau wird in diesem Sinne als bereits verwirklichte Leistung oder als Leistungspotenzial in einem der folgenden fünf Bereiche angesehen: 1. Intelligenz, 2. Schulleistungen, 3. Kreativität und produktives Denkvermögen, 4. soziale Führungsfähigkeiten und 5. psychomotorische Fähigkeiten.

Von K. R. EISSLER (auch → 1963) erscheint die Studie *Talent and Genius: the fictitious Case of Tausk contra Freud* – eine aufschlussreiche Arbeit über den schöpferischen Prozess aus tiefen- bzw. kreativitätspsychologischer und psychoanalytischer Sicht.

1972

verbindet RAY TOMLINSON zum ersten Mal zwei Computer mit einer Datenleitung, bestimmt das Sonderzeichen »@« auf seiner Tastatur zum Adressen-Kürzel und schickt die erste E-Mail der Welt los. Damit eröffnet er eine Revolution in der Welt der Kommunikation, die für immer mit dem Symbol »@« verbunden sein wird.

In England erscheint *The Dynamics of Creation* von ANTONY STORR, einem Psychiater mit Dozentur an der Universität von Oxford. Vor psychoanalytischem Hintergrund (daher das *Dynamics* im Titel – gemeint ist die Psychodynamik im FREUD'schen Sinn) beschreibt der Autor anhand eindrucksvoller Fallbeispiele, wie Künstler und Wissenschaftler zu ihren Ideen kommen (auch → 1988).

1973

GABRIELE RICO entdeckt zufällig ihre Methode des *Clustering*, die sie ein Jahrzehnt später in ihrem Buch *Writing the natural Way* vorstellt (dt.: Garantiert schreiben lernen).

Der britische SF-Autor BRIAN ALDISS veröffentlicht seine umfassende Geschichte der Science Fiction, die den zugleich programmatischen wie anregenden Titel *The Billion Year Dream* trägt (dt. 1990). Für ihn beginnt die SF im modernen Sinn mit dem *Frankenstein* von MARY SHELLEY (→ 1816). ALDISS hat selbst erstklassige SF geschrieben (und davon eine unglaubliche Menge), von denen hier nur der Roman *Tod im Staub* und die Collection *Science Fiction Blues* genannt seien, die ich besonders schätze; dazu seine Endzeit-Story »Ketzereien über den gewaltigen Gott«, die mich am meisten beeindruckt hat. Seine Kurzgeschichte »Supertoys Last All Summer Long« wurde von STEVEN SPIELBERG erfolgreich verfilmt mit dem Titel *A.I. – Artificial Intelligence* (→ 2000).

Aus seiner Zeit als Buchhändler stammt das autobiografische *Bury my Heart at W. H. Smith's*. Wer Aldiss dann noch nicht mag, dem ist nicht zu helfen.

1974

präsentiert TONY BUZAN im Frühjahr erstmals sein *Mindmap*-Kozept in dem Buch *Kopf-Training*. Die Methode ähnelt dem *Clustering* von GABRIELE RICO (→ 1973), ist aber wohl zufällig parallel entstanden und hat auch eine andere Zielrichtung: Während man mit einem Cluster eine Art Brainstorming zum Sammeln von Ideen durchführt, hilft ein Mindmap, bereits vorhandene Ideen zu organisieren und zu ergänzen. Beiden Methoden gemeinsam ist das sternförmige *Freie Assoziieren* (→ 1895 FREUD) von einem Begriff im Mittelpunkt aus.

1975

erscheint in New York das Buch *The Gifted Child* von CYRIL BURT, das bald zum Standardwerk der Begabungs- und Hochbegabungsforschung avanciert. Da ahnen allerdings schon einige seiner kritischen Gegner, dass sich der britische Psychologe vor allem in der Geschichte der wissenschaftlichen Fälschungen einen bedeutenden Platz gesichert hat: Seine Studien über die erblichen Grundlagen der Intelligenz, die er mit internationalen Zwillingsuntersuchungen untermauert, bringen ihm in den 60er und 70er Jahren des 20. Jahrhunderts zunächst viel Ruhm ein und – als ersten Psychologen – sogar den Ritterschlag der englischen Königin zum »Sir«. Aber sie stellen sich nach seinem Tod 1971 weitgehend als Betrug heraus. BURT, der lange als eine Art Superstar der britischen und internationalen Intelligenzforschung gilt, hat seine angeblichen statistischen Ergebnisse unter mehr als 20 Pseudonymen veröffentlicht und die Intelligenz-(erb)forschung für Jahrzehnte sehr in Misskredit gebracht. Dennoch widerlegt das nicht unbedingt die These, dass Intelligenz auch vererbt wird (die Schätzungen des Anteils schwanken zwischen 50 und 80 Prozent), relativiert jedoch ganz deutlich BURTS Überschätzung des Erbfaktors, die sogar die Neufassung des britischen Schulsystems beeinflusst hat.

Wie es ein Kritiker (GERHARD FRÖHLICH von der Universität Linz in seiner Habilitationsschrift) 2003 ausdrückt: »BURTS viel gelesenes Hauptwerk wimmelte von krassen statistischen Fehlern. Offenbar hat BURTS Ruhm die wissenschaftlichen LeserInnen seiner Werke so geblendet, dass sie alle erlernten Regeln ihrer Zunft vergaßen.«

Im September 1975 organisiert HENRY COLLINS, ein britischer Pädagoge mit speziellem Interesse an hochbegabten Kindern, in London die erste internationale Konferenz zum Thema Hochbegabung. Es nehmen mehr als 500 Personen aus 53 Ländern daran teil. Daraus entsteht in den Folgejahren der *World Council for Gifted and Talented Children (WCGTC)*. (Kontaktadresse: 18401 Hiawatha Street/ Northridge, CA 91326, USA/Tel: 818-368-7501, Fax: 818-368-2163/ Internet: www.worldgifted.org)

1978

gründen Eltern hochbegabter Kinder mit Problemen in Hamburg nach dem Vorbild (→ 1967) der britischen *National Association of Gifted Children (NAGC)* die *Deutsche Gesellschaft für das hochbegabte Kind (DGhK)* (www.dghk.de). Als Logo wählt man das Labyrinth der Kathedrale von Chartres (→ 1216). Der Verein breitet sich rasch in ganz Deutschland aus und hat im Jahr 2004 über 3000 Mitglieder.

Einige Jahre später, 1994 spaltet sich daraus der Verein *Hochbegabtenförderung* in Bielefeld ab, und weitere Vereine werden gegründet (z.B. »www.hochbegabung-vulkan.de«). Ähnliche Institutionen gibt es – im deutschsprachigen Raum – in Österreich und der Schweiz (aktuelle Details über Suchmaschinen wie Google – eine Website mit weiterführende Hyperlinks zum Thema: »www.hochbegabungs-links.de«)

J. S. RENZULLI definiert Hochbegabung als Schnittmenge dreier Faktoren: 1. »gute Intelligenz«, 2. »hohe Kreativität«, 3. »Leistungsorientierung«. Dementsprechend wäre ein Underachiever (bei dem trotz hoher Intelligenz und Kreativität die Schulleistungen schlecht sind) kein Hochbegabter. Diese Definition kritisieren andere Forscher wie DETLEF H. ROST als zu eng.

In der enzyklopädischen Reihe *Psychologie des 20. Jahrhunderts* des Münchner Kindler Verlags erscheint der Band *Piaget und die Folgen* – ein krönender Salut an JEAN PIAGET (1896–1980), einen der führenden europäischen Erforscher des Denkens und der Intelligenzstrukturen.

1979

Das Sachbuch *Das Drama des begabten Kindes und die Suche nach dem wahren Selbst* von ALICE MILLER erscheint. Es wird rasch zum Bestseller, weil sich offenbar viele Menschen in der Figur des (mit seinen wahren Talenten) missverstandenen Kindes wiedererkennen. Eigentlich müsste das Buch jedoch heißen: »Das Drama des hochbegabten Psychoanalytikers auf der Suche nach seinem Inneren Kind« – denn es verarbeitet viele Erlebnisse, die unübersehbar Bezug auf Erfahrungen von Kollegen nehmen bzw. vermutlich der eigenen Biografie der Autorin entstammen. Insbesondere geht es um die Themen Narzissmus und Depression.

Innerhalb der Reihe *Die Psychologie des 20. Jahrhunderts* (Kindler Verlag, München) erscheint der Band XV: *Transzendenz, Imagination und Kreativität* – auf mehr als 1200 Seiten erstmals in deutscher Sprache ein umfassender Überblick zur Kreativitätsforschung.

Die Computerfirma Atari stellt ihr Labyrinth-Spiel vor: *Gotcha*. (Genau genommen ist es ein Irrgarten, in dem sich die rudimentäre Handlung abspielt: Man muss einen imaginären Gegner verfolgen und abschießen – Grundmodell aller späteren *Baller*-Spiele.) (→ 1970)

80er Jahre
Creative Writing beginnt in Deutschland allmählich eine Bewegung zu werden (In den USA: 40er Jahre).

1981
attackiert der renommierte Paläontologe STEVEN JAY GOULD den amerikanischen Psychologen ARTHUR JENSEN (→ 1999). Dieser ist schon seit den 60er Jahren als Intelligenzforscher ähnlich umstritten wie HERRNSTEIN und MURRAY, die Autoren von *The Bell Curve* (→ 1994).

Die *Shell Jugendstudie* gibt an, dass ein Viertel der Jugendlichen im Alter von 15–24 Jahren schreibt: Aufsätze, Gedichte, Tagebuch. Immerhin jeder Zehnte rechnet sich zu den »intensiv Schreibenden«.

Es erscheint die Doku-Fiction *Die Leben des Billy Milligan* von DANIEL KEYES. Darin wird die tragische Geschichte eines jungen Mannes beschrieben, der – vom Stiefvater schwer traumatisiert – zu einer mehrfach gespaltenen Persönlichkeit wird. Wegen einem Mord (angeblich begangen von einer seiner weiblichen Teilpersönlichkeiten) kommt MILLIGAN vor Gericht. Aber sein Anwalt erreicht, dass er auf Grund einer eigens wegen ihm geschaffenen »Lex Milligan« nicht zum Tod verurteilt wird, sondern sich einer Psychotherapie unterziehen muss.

Neben dem – inzwischen sehr umstrittenen, angeblich gefälschten – Bericht *Sybil* von FLORA RHETA SCHREIBER ist dies die beeindruckendste Schilderung dieses bizarren Krankheitsbildes.

Wer selbst schreibt oder sich mit Kreativität befasst, wird viele Aspekte der *Multiplen Persönlichkeit* (wenn auch in abgemilderter Form) im eigenen Leben und Arbeiten wiederfinden – ist doch die Fähigkeit, die Psyche in verschiedene Teilpersönlichkeiten aufzuspalten, Grundbedingung für jedes dramatische oder erzählerische Werk.

1982
Als die IBM in diesem Jahr mit dem im Jahr davor auf den Markt gebrachten Klein-Computer (PC = Personal Computer) den Durchbruch schafft, stellt sie den Nutzern nicht nur eine revolutionäre neue Maschine zum Schreiben von Texten und für die Tabellenkalkulation zur Verfügung, sondern auch ein Spiel: *101 Mazes*.

1983
Der Münchner Kybernetiker FREDERIC VESTER (1925–2003), Gründer der Studiengruppe für Biologie und Umwelt, stellt sein Simulati-

ons-Spiel *Ökolopoly* vor. Aus dem klassischen Brettspiel mit sechs Drehscheiben wird ab 1997 die nur auf einem PC laufende komplexe Umwelt-Simulation *Ecopolicy*. Beim Spielen werden Alltagssituationen und -probleme auf nicht alltägliche Weise durchexerziert und bewältigt – zumindest teilweise. Deutlich sichtbar ist das bei *Mensch ärgere dich nicht*, wo es ja nicht zuletzt auch um das Einüben der Fähigkeit geht, verlieren zu können. Beim *Börsenspiel* wiederum geht es ganz handfest ums Spekulieren auf dem Kapitalmarkt. Eine ganz andere Art von Thematik und ihrer Bewältigung macht *Ökolopoly* zugänglich, dessen zungenbrecherischer Name nicht zufällig an das beliebte Finanz-Spiel *Monopoly* anknüpft. Entsprechend VESTERS Vorstellungen vom *Vernetzten Denken* liegt nicht das traditionelle lineare Denken von »Ursache und Wirkung« zugrunde (das man auch als aristotelisches Denken bezeichnen könnte), sondern der Spieler wird zum Denken in komplizierten Wechselwirkungen und Rückkopplungssystemen erzogen. Dies klingt schwieriger als es in Wirklichkeit ist – wir sind nur nicht gewöhnt, so vernetzt (= kybernetisch) zu denken.

Labyrinth-Tagung an der Evangelischen Akademie Tutzing unter Leitung von HERMANN KERN, Direktor des Haus der Kunst in München und Autor des bislang wichtigsten Werkes über das Thema: *Labyrinthe* (1982).

1984

beginnt Professor KURT HELLER (München) mit den Vorarbeiten zu der ersten umfassenden Hochbegabtenstudie in Deutschland (s. auch die parallel laufende Studie von Professor DETLEF ROST → 1987). Die Daten werden von 1985 bis 1988 erhoben. Zentrale Fragen, die untersucht werden, sind
1. die Identifikation hochbegabter Kinder und Jugendlicher samt den damit verbundenen diagnostischen Überlegungen,
2. Analysen von Begabung und Leistung in Schule und Freizeit bei dieser Gruppe,
3. Fragen zur Entwicklungspsychologie dieser Probanden.

Der Bericht über die Studie erscheint → 1992, die Überarbeitung 2001. 1985/86 begleitet HELLER außerdem eine baden-württembergische Studie der »Arbeitsgemeinschaften zur Förderung besonders befähigter Schüler«.

Am 20. November wird das Projekt SETI (Search for Extraterrestrial Intelligence) in Kalifornien gegründet. Diese Non-Profit-Organisation (www.seti.org) widmet sich der Suche nach Radiosignalen potenzieller außerirdischer Zivilisationen. Ein Gedanke, der eigentlich nahe liegen müsste, wenn man sich klar macht, dass es im uns durch Beobachtungen zugänglichen Universum rund 70 Trilliarden Sterne gibt (→ 2004), von denen eine große Anzahl bewohnbare Planeten haben könnten.

JODIE FOSTER spielt in dem Film *Contact* (→ 1997) eine Astronomin, die sich dieser Suche verschrieben und Erfolg damit hat.

Galt früher schon die Annahme solcher Aliens, noch dazu intelligenter, unter Naturwissenschaftlern als reine Science Fiction beziehungsweise märchenhafter Unsinn, so hat sich diese Ansicht um die Jahrtausendwende gewandelt, seit immer mehr Hinweise auf extrasolare Planeten (in fernen Sternensystemen) gefunden werden; entsprechend ist auch die Chance für bewohnbare Welten und somit potenzielle außerirdische Intelligenzen gewachsen (→ 2004).

WILLIAM GIBSONS SF-Roman *Neuromancer* erscheint, in dem erstmals – von ihm geprägt – der Begriff *Cyberspace* für eine Art künstlichen Bewusstseins auftaucht.

WILLIAM GIBSON gebührt das Verdienst, dem Internet und dem ganzen Konzept des *virtuellen Raums* in seinem Roman den treffenden und einprägsamen Namen verliehen zu haben. Die Idee, dass jemand sein menschliches Ich-Bewusstsein mit dem künstlichen (elektronischen) Bewusstsein eines Computers verbinden könnte, ist allerdings wesentlich älter. In meiner eigenen SF-Story »Der metallene Traum« habe ich das bereits 1963 zum Thema gemacht; ISAAC ASIMOV schreibt schon Ende der 50er Jahre über eine Maschine, in der die Träume einer Versuchsperson manipuliert werden, desgleichen ROBERT ZELAZNY 1965 in seinem Roman *He who shapes*.

1985

erscheint die Dokumentation *Der Mann, der seine Frau mit einem Hut verwechselte* des amerikanischen Psychiaters OLIVER SACKS. Darin beschreibt er u.a. einige sehr eindrucksvolle Höchstleistungen von Savants. Ein solcher Savant (früher nannte man diese Menschen wegen ihrer Untauglichkeit für ein normales Leben *Idiots savants*) vermag geradezu Unglaubliches auf einem hoch spezialisierten Gebiet zu leisten. Am verblüffendsten sind das »Wandelnde Musiklexikon« und die »Primzahlen-Zwillinge« mit ihren frappierenden Spitzenleistungen. Der eine ist wirklich ein *wandelndes Lexikon* (und zudem enorm begabt auf musikalischem Gebiet). Die Zwillinge hingegen können Primzahlen blitzschnell als solche erkennen, weil sie diese wie in einer Art innerer Landschaft aus den normalen Zahlen herausragen sehen; sie sind jedoch unfähig, sich im normalen Leben zurechtzufinden.

In der Statistik des Bundespresseamts steht: »Die Verlagsunternehmen beschäftigten am 31. Dezember 1985 211 000 Mitarbeiter, darunter 15 700 Redakteure ... Weitere 34 600 waren als freie Mitarbeiter tätig.«
Das ergibt bereits 245 600 Menschen, die allein in Deutschland professionell mit dem Verfassen, Bearbeiten und Veröffentlichen von Texten beschäftigt sind, also mit dem Aufbereiten und Vernetzen von Informationen. Sie sind gewissermaßen das Nervensystem unserer Gesellschaft und eine der wichtigsten beruflichen Domänen für Hochbegabte.

1986

gründet AIGA STAPF am Psychologischen Institut der Universität Tübingen die Arbeitsgruppe *Begabung und Persönlichkeitsentwicklung*, deren Ergebnisse → 2003 veröffentlicht werden.

GERD BINNIG erhält (zusammen mit zwei anderen Physikern, HEINRICH ROHRER und ERNST RUSKA) den Nobelpreis, mit ROHRER speziell für die Erfindung des Rastertunnelmikroskops. Dieses revolutionäre Instrument, das es ermöglicht, einzelne Atome (!) zu beobachten und zu manipulieren, eröffnet eine völlig neue Methode in bislang nicht direkt erreichbaren Dimensionen: die Nanotechnologie, aus der ein, zum Beispiel für die Medizin, immer bedeutenderer Anwendungsbereich geworden ist. In seinem autobiografischen Buch *Aus dem Nichts* beschreibt BINNIG, wie seine Entdeckung/Erfindung allmählich entstand. BINNIG ist der Typ des teil-angepassten (in seiner Jugend als Musiker ausgesprochen rebellischen) Hochbegabten, der erst in der richtigen Umgebung (einem Labor der IBM) sehr erfolgreich wird.

1987

im Spätsommer beginnt (nach ersten Voruntersuchungen ab 1980) unter Leitung von Professor DETLEF H. ROST die große Längsschnitt-Untersuchung der *Marburger Studie*. Sie wird fast 15 Jahre lang fortgeführt; die Ergebnisse werden 2000 unter dem Titel *Hochbegabte und hochleistende Jugendliche* veröffentlicht. ROST notiert darin:
»Noch vor zehn Jahren war die Bundesrepublik ›Entwicklungsland‹ für Hochbegabungsfragen. Das hat sich inzwischen geändert.« (ROST S. 7)

1988

In England erscheint *The School of Genius* (dt.: Die schöpferische Einsamkeit). Darin untersucht der englische Psychoanalytiker ANTONY STORR, welche Rolle menschliche Beziehungen bzw. deren

Abwesenheit, als Einsamkeit, im kreativen Prozess spielen (auch → 1972).

1989
LAWRENCE SUTIN veröffentlicht seine Studie über Leben und Werk von PHILIP K. DICK (1928–1982). Dieser ist ein unglaublich produktiver Autor, der nicht nur utopische Kurzgeschichten und Romane (auch → 1955) schreibt (viele davon mit beeindruckendem Niveau – die meisten voller fantasievoller Einfälle und spannender Handlungsabläufe). Es gibt nicht viele Autoren, von denen sechs Werke von renommierten Regisseuren verfilmt worden sind, noch dazu welche aus einem solchen speziellen Genre wie Science Fiction: u.a. *Blade Runner* (RIDLEY SCOTT, 1982), *Total Recall* (PAUL VERHOEVEN, 1990), *Minority Report* (STEVEN SPIELBERG, 2002). STANISLAW LEM (→ 1968) bezeichnet DICK als den respektabelsten und einflussreichsten SF-Autor der USA.

1991
kommt in den USA der Film *Little Man Tate* (dt.: *Das Wunderkind Tate*) in die Kinos. JODIE FOSTER (selbst ein solch speziell begabtes Kind innerhalb der Filmbranche) stellt in diesem ihrem ersten Film ein mathematisches Wunderkind (gespielt von ADAM HANN-BYRD) mit seinen Möglichkeiten und Nöten vor. Bei aller Melodramatik handelt es sich um eine eindrucksvolle Charakterschilderung, durch die man viel über die Problematik des Daseins als Höchstbegabter erfährt – inklusive Mobbing und Magengeschwüren, da man sich wegen der extremen Sensibilität zu viele Sorgen um das Schicksal der Menschheit macht. (Vgl. → 2003 die Bonner Ausstellung über Wunderkinder.)

Im selben Jahr erscheint der Bericht über eine der umfassendsten deutschen Hochbegabungsstudien der Gegenwart unter der Leitung von Professor KURT A. HELLER: *Hochbegabung im Kindes- und Jugendalter* (2. überarb. und erw. Auflage 2001). Die Erhebung lief von 1985 bis 1988.

TONI MEISSNERS veröffentlicht seine Studie *Wunderkinder – Schicksal und Chance Hochbegabter.*

1992
Im September wird am Similaun-Gletscher (Grenzgebiet zwischen Österreich und Italien) die Mumie eines etwa 40-jährigen Mannes entdeckt. Der Fund des *Ötzi* löst intensive wissenschaftliche Aktivitäten aus, bei der sich ein halbes Hundert Institute aller möglichen

Forschungsdisziplinen vernetzen: von der Anthropologie und Genetik über die Medizin bis hin zur Geologie und Geographie. Dies ist das bislang eindrucksvollste Beispiel moderner Zusammenarbeit vieler Hochbegabter nach der NASA (→ 1958).

1993
In ihrer Roman-Trilogie *Beggars in Spain* beschreibt die amerikanische SF-Autorin NANCY KRESS die Entstehung einer neuen menschlichen Mutation, deren Angehörige aufgrund ihrer überlegenen Begabungen in zunehmende Konflikte mit der übrigen Menschheit geraten. Dies ist in der Science Fiction ein beliebtes Thema, das OLAF STAPLEDON bereits → 1935 vorbildlich darstellt und → 2000 in dem Film *X-Men* ein großer Kino-Erfolg wird.

1994
In New York erscheint die sofort heftig umstrittene Studie *The Bell Curve: Intelligence and Class Structure in American Life* von RICHARD J. HERRNSTEIN und CHARLES MURRAY. Umstritten ist sie, weil – wie viele Kritiker anmerken – auf unzulässige Weise die getestete Intelligenz von Afroamerikanern, Juden und anderen amerikanischen Bevölkerungsgruppen in Zusammenhang mit Kriminalität und ähnlichen Parametern gestellt wird. Dabei wird zu wenig berücksichtigt, wie sehr ein ungünstiges Milieu die Startbedingungen verfälscht, welche nicht nur vom Erbgut bestimmt werden (auch → 1953).

In einem Interview mit der Tübinger Hochbegabtenforscherin AIGA STAPF (*Psychologie heute*, Juli 1994, S. 61) nennt sie diese Zahlen: »Jeweils rund zwei Prozent der Bevölkerung haben einen IQ unter 70 oder einen sehr hohen IQ über 130. Nach Schätzungen liegt die Zahl hochbegabter Kinder in der Bundesrepublik bei 160 000 bis 240 000. Von diesen werden allerdings höchstens 50 Prozent als hochbegabt erkannt.« (auch → 1986)

»Ich habe eine Aktivitäts- und Aufmerksamkeitsstörung«, beginnt der amerikanische Kinderpsychiater EDWARD HALLOWELL sein Buch *Zwanghaft zerstreut*, das er 1994 zusammen mit seinem Kollegen (und ebenfalls ADHS-Betroffenen) JOHN RATEY veröffentlicht. Seitdem reißt die Zahl der Publikationen über diese neue Krankheit *Aufmerksamkeits-Defizit-Hyperaktivitäts-Syndrom* (ADHS) nicht mehr ab. Als Medikament verabreicht man *Ritalin* – was allerdings (vor allem in hoher Dosierung) sehr umstritten ist, weil es leicht abhängig macht.

JOHN NASH bekommt den Nobelpreis für Mathematik in den Wirtschaftswissenschaften. Er gilt als einer der genialsten Mathematiker des 20. Jahrhunderts – und verbringt 30 Jahre wegen »Schizophrenie« in psychiatrischen Anstalten, bis, völlig unvorhersehbar, die (Selbst-)Heilung gelingt. Der Film *A Beautiful Mind* beschreibt sein Leben – sehr einfühlsam, vor allem durch die exzellente Darstellung von RUSSELL CROWE, allerdings in einigen wichtigen Details vom wahren Leben des Mathematikers abweichend.

Dem britischen Mathematiker ANDREW WILES gelingt es, nach 358 Jahren ein mathematisches Rätsel zu lösen, das die gesamte Fachwelt seit → 1637 fasziniert und beschäftigt hat: den »letzten Satz«, den der französische Mathematiker FERMAT intuitiv entdeckte, aber selbst nicht beweisen konnte.

(Andere mathematische Genies und Höchstleistungen → 1720 LEIBNIZ, → 1800 GAUSS, → 1913 ERDÖS, → 1915 EINSTEIN, → 1985 Primzahlen-Zwillinge)

1995

Der milliardenschwere Börsenguru und Mäzen GEORGE SOROS erzählt in einem Interview (das in Buchform veröffentlicht wird), dass er in einer Zeit schwerer persönlicher und beruflicher Krise »einige Termine bei einem Psychoanalytiker« wahrgenommen hat. In dieser Zeit schreibt er auch ein sehr lesenswertes Buch, um sich über seine Probleme klarer zu werden: *Die Alchemie der Finanzen*.

Es beeindruckt, wie hier jemand, der fraglos hochbegabt ist, für sein Krisenmanagement zwei Tools einsetzt, die man von Top-Managern und Unternehmern seines Kalibers für gewöhnlich nicht genannt bekommt: eine Psychoanalyse und das Bücherschreiben.

JOHN BROCKMAN beschreibt im dem von ihm herausgegebenen Reader *Die dritte Kultur* das Weltbild der modernen Naturwissenschaft als Lösung für den von P. C. SNOW → 1959 propagierten Konflikt zwischen Geisteswissenschaften und Literatur einerseits und der »neuen« (zweiten) Kultur der Naturwissenschaften und Technik.

GENE BREWER publiziert seinen Roman *K-Pax*. Eine packend erzählte Geschichte, die sich als Bericht aus einer psychiatrischen Klinik tarnt. Aber das ist so geschickt inszeniert, dass man am Schluss lange grübelt, ob nun dieser mysteriöse Mann namens *prot* (kleingeschrieben) ein Spinner bzw *Idiot savant* ist (denn seine astronomischen Kenntnisse sind unglaublich), der sein Lügengespinst ausbreitet – oder ein echter Außerirdischer, der einen sehr scharfen

Blick auf die irdischen Verhältnisse wirft. Das Buch wurde 2001 unter dem selben Titel verfilmt – mit KEVIN SPACEY als überzeugender Hauptfigur.

1996

erscheint in New York die kritische Studie *Hochbegabung* von ELLEN WINNER (deutsche Ausgabe: 1998). Sie entlarvt neun *Mythen* und Vorurteile über das Thema, u.a. in TERMANS Langzeitstudie (→ 1921). WINNER merkt an: »Zahlreiche Studien zeigen, dass etwa die Hälfte der US-amerikanischen Schüler mit einem IQ im obersten 5-Prozent-Bereich Versager sind, die ihr Potential nicht ausnutzen.« (S. 332)

Der aus Ungarn stammende Psychologe MIHALY CSIKSZENTMIHALYI von der Universität Chicago schildert in seiner Studie über *Kreativität* (dt.: 1997) die Entwicklung vieler Entdeckungen und die ungewöhnlicher Leistungen überdurchschnittlich begabter Menschen aus vielen Ländern. Die vielfältigen Studien der Psychoanalytiker seit FREUD zum gleichen Thema ignoriert er allerdings (wie die meisten akademischen Kreativitätsforscher), führt lediglich FREUD als Beispiel eines kreativen Menschen an.

15 Prozent der Deutschen (das sind rund vier Millionen) können nicht lesen und schreiben. In Italien schätzt man den Anteil der Analphabeten unter Akademikern (!) auf acht Prozent.

SAMUEL P. HUNTINGTON veröffentlicht seine apokalyptische Vision vom *Clash of Civilizations* (dt.: Kampf der Kulturen), der sich zwischen der westlichen (christlichen) und der übrigen Welt (vor allem den islamischen Ländern) abspielen soll. Die Ereignisse vom 11. September → 2001 und die anschließenden weltweiten terroristischen Attacken scheinen dies zu bestätigen.

Genies gelten als seltsame Käuze (s. beispielsweise den Mathematiker ERDÖS → 1913). PETER HAFFNER hat 13 solche Meisterdenker und ihre Spleens in einem vergnüglichen Buch mit dem Titel *Die fixe Idee* versammelt. Sie sind nicht alle vom selben Kaliber – aber in ihrer Skurrilität und vor allem Besessenheit von einer Hypothese gleichen sich ALBERT EINSTEIN (→ 1915), ERICH VON DÄNIKEN (→ 1968) und ALICE MILLER (▸ 1979) allemal.

1997

initiiert KURT A. HELLER an der Ludwig-Maximilians-Universität München einen internationalen (englischsprachigen) Master-Studiengang zum Thema Hochbegabung: *Psychology of Excellence*. Er startet mit 80 Studenten aus 26 Nationen.

R. LEHRKE stellt in seinem Buch *Sex Linkage of Intelligence: The X-Factor* die neuesten genetischen Erkenntnisse zur Vererbung der Intelligenz vor. Demnach bestimmt weitgehend die Mutter, dass höhere (oder niedere) Intelligenz vererbt wird. Derselben Studie zufolge kommt sowohl Minderbegabung wie Hochbegabung bei Männern deutlich häufiger vor, während beide Extreme bei Frauen seltener sind und sich bei ihnen in der Normalverteilungskurve (→ 1800 GAUSS) die Mittelwerte der Intelligenz häufen. Weil Frauen ein zweites X-Chromosom haben (Männer nur eines), kommt bei Frauen geistige Behinderung seltener vor. Dieselbe genetische Anomalie des doppelten X-Chromosoms sorgt jedoch auch dafür, dass Mütter eine besonders günstige Kombination von Genen weitergeben, die beispielsweise für Hochbegabung sorgen. Bei der Partnerwahl bevorzugen Frauen demnach intelligente Männer.

JODIE FOSTER spielt in dem SF-Film *Contact* eine Astronomin, die besessen von der Idee ist, Signale von intelligenten Lebewesen einer außerirdischen Zivilisation aufzufangen. Als sie schließlich Erfolg hat, setzt sie alles daran, zu dieser Welt aufzubrechen (auch → 1984: SETI)

SIMON SINGH, ein britischer Physiker und Wissenschaftsjournalist, stellt in seinem exzellent geschriebenen Sachbuch *Fermats letzter Satz* dar, wie es einem Landsmann, dem Mathematiker ANDREW WILES (→ 1994) gelang, nach 358 Jahren ein mathematisches Rätsel zu lösen, das die gesamte Fachwelt seit → 1637 fasziniert und beschäftigt hat: Eben jener »letzte Satz«, den der französische Mathematiker FERMAT kurz vor seinem Tod intuitiv fand und an den Rand eines Buches kritzelte, aber selbst nicht mehr ausführen und beweisen konnte.

Es erscheint der erste Band der auf sieben Bände angelegten Buchreihe um den Zauberlehrling *Harry Potter*. Kein Verlag will den ersten Band ankaufen, denn – »Kinder lesen keine Bücher mit mehr als 200 Seiten«. Mit ihrer Figur des bebrillten Zauberlehrlings beschreibt JOANNE K. ROWLING im Grunde nichts anderes als einen bestimmten Typ des hochbegabten Kindes, das – als Underachiever – zunächst keine Ahnung von seinen Talenten hat. Es geht, wenn man die Fabel auf ihren Kern reduziert, um einen elfjährigen Jungen mit ungewöhnlichen Fähigkeiten: Er kann zaubern.

Die ganze Serie handelt davon, wie dieser unscheinbare Junge gegen massive Widerstände der Umwelt nach und nach seine große Begabung entdeckt und entfaltet. Man muss nur den *Stein der Weisen* im Titel des ersten Bandes ernst nehmen und für *Zaubern* das Wort *Hochbegabung* einsetzen – dann verwandelt sich diese abenteuerliche Reise eines tapferen Jungen vom unwissenden, unbedarften, schwachen Waisenkind (dessen Eltern vor seinen Augen von einem brutalen Massenmörder gemeuchelt wurden) zur Evolution eines hochbegabten Kindes zu einem strahlenden Meister seines Talents und irgendwann zu einem Weisen. (Auch → 2003)

1998

CHRISTOPHER VOGLER überträgt die Erzählstruktur der *Heldenreise* (→ 1949) auf den kreativen Prozess, den ein Autor beim Schreiben seines Buches durchläuft: Der Autor schlüpft quasi selbst in die Rolle des Helden, muss Prüfungen meistern und Hindernisse (Blockaden) überwinden, bis er ans Ende seiner Quest gelangt ist.

VOGLERS Buch *The Writer's Journey* ist eine Fundgrube für jeden, der schreibt. Der Titel der deutschen Übersetzung (*Die Odyssee des Drehbuchautors*) ist ein wenig irreführend, denn dieses Konzept ist keineswegs auf Verfasser von Filmskripten beschränkt, sondern ist für jeden Autor, etablierte ebenso wie solche am Anfang ihrer Karriere, eine große Hilfe.

1999

NIELS GALLEY vom Psychologischen Institut der Kölner Universität publiziert die Ergebnisse eines aufsehenerregenden Experiments: Die Augenbewegungen, mit denen jemand ein Bild oder eine Szene abtastet, liefern erstaunliche Hinweise auf die Höhe der Intelligenz der betreffenden Person. Je schneller jemand einen optischen Eindruck erfasst, umso höher ist der Intelligenzquotient dieser Person.

In den USA erscheint *The G Factor: The Science of Mental Ability* von ARTHUR JENSEN. Der Forscher ist schon seit den 60er Jahren als Intelligenzforscher ähnlich umstritten wie HERRNSTEIN und MURRAY, die Autoren von *The Bell Curve* (→ 1994). Vor allem seine schlechtere Einstufung der Intelligenz von Afroamerikanern gegenüber Weißen hat ihm heftige Angriffe eingebracht.

Am 29. März ziert eine aufschlussreiche Karikatur die Titelseite des *Time Magazine*: Professor ALBERT EINSTEIN liegt – mit sichtlich betrübter Miene – bei Professor SIGMUND FREUD auf der Couch. Das Bild begleitet eine Serie der Zeitschrift zum Jahrtausendwechsel: »The Centuries' Greatest Minds: Scientists and Thinkers«.

Spekulationen von RAY KURZWEIL zufolge, die er in seinem Buch *Homo s@piens* veröffentlicht, könnten schon → 2029 Computer über *künstliche Intelligenz* (KI bzw. AI = *Artificial Intelligence*) und eigenes (synthetisches) Bewusstsein verfügen (auch → 1843: ADA LOVELACE und → 2000: STEVEN SPIELBERG.)

ULLA FÖLSING stellt in ihrem Buch *Geniale Beziehungen 14* »berühmte Paare in der Wissenschaft« (so der Untertitel) vor. Eine aufschlussreiche Untersuchung, wie hoch- und höchstbegabte Menschen sich finden, gemeinsam arbeiten und miteinander auskommen (oder auch nicht).
(Ein ähnliches Sujet behandelt HANS A. NEUNZIG in *Genius trifft Genius* → 2002.)

Indigo-Kinder ist ein Begriff, der seit den späten 1990er Jahren durch die esoterische Literatur geistert. Der Beschreibung nach (z.b. bei CARROLL 1999) handelt es sich um hochbegabte Kinder, denen man jedoch geradezu übernatürliche Fähigkeiten als Retter der Menschheit zuschreibt. Nicht völlig falsch gesehen, wie ich meine (s. das 8. Kapitel meines Buches *Das Drama der Hochbegabten*), aber total übertrieben und vor allem unseriös begründet und propagiert.

2000

erscheint der Ratgeber *Hochbegabte Kinder – Strategien für die Elternberatung* von Professor EBERHARD ELBING, Leiter der *Begabungspsychologischen Beratungsstelle* der Universität München. Wie man daran – und an dem immer häufigeren Auftauchen des Themas in den Medien – sehen kann, wird um die Jahrtausendwende Hochbegabung mehr und mehr zu einem zentralen Thema (s. auch die Diskussion um die Elite-Universitäten → 2004).

Die Ergebnisse der von DETLEF ROST → 1987 initiierten Studie *Hochbegabte und hochleistende Jugendliche* werden veröffentlicht.

Im Film *Die Wonder Boys* verkörpert MICHAEL DOUGLAS meisterhaft den verkifften und ziemlich desolaten Bestseller-Autor Grady Tripp, dem kein neues Werk gelingen will. Während er von den Resten seines Ruhmes zehrt, unterrichtet er – mehr der Not gehorchend als der Tugend – an einer Universität einige Studenten in *Creative Writing*. Viel lieber würde er seinen eigenen neuen Roman vollenden. Davon hat er zwar schon gut tausend Seiten (keine Schreibblockade also im üblichen Sinne) – aber mit der Struktur hapert es gewaltig.

Der Film *A.I. (Artificial Intelligence)* von STEVEN SPIELBERG kommt in die Kinos. Ursprünglich war dies ein Projekt, das STANLEY KUBRICK nach einer Kurzgeschichte von BRIAN ALDISS realisieren wollte; aber KUBRICKS Tod verhinderte dies und der mit ihm befreundete SPIELBERG übernahm diese Aufgabe. Es handelt sich um einen sehr stillen, nur gelegentlich thrillerhaft-schrillen Film über einen synthetischen Jungen, der als Liebesobjekt für ein Elternpaar dient, dessen Kind im Koma liegt.

Der Film bleibt zwar, was die Konsequenzen *künstlicher Intelligenz* und *maschinellen Bewusstseins* angeht, sehr an der Oberfläche; aber man bekommt doch eine gewisse Ahnung, was es bedeuten könnte, wenn so etwas tatsächlich realisierbar wäre.

Ebenfalls ein großer Kino-Erfolg ist der Film *X-Men*, gedreht nach einem beliebten Comic Strip gleichen Titels. Ähnlich wie in STAPLEDONS *Odd John* (→ 1935) und NANCY KRESS' *Beggars in Spain* (→ 1993) geht es um die Auseinandersetzung einer – nicht nur intellektuell – weit überlegenen neuen Rasse von Menschen mit ihren normalen Zeitgenossen; ein beliebtes Thema in der Science Fiction und erstmals → 1895 von H.G. WELLS in seinem Roman *Die Zeitmaschine* abgehandelt: in Form der beiden verfeindeten Menschenrassen der edlen Eloy und der primitiven Morlock.

Eine Studie des Heidelberger Krebsforschers RONALD GROSSARTH-MATICEK über die Zusammenhänge von Krebserkrankung und Selbstverantwortung bringt als Fazit: Eigenverantwortliche Menschen leben länger. Das ist fast so etwas wie ein Credo für erfolgreiche Hochbegabte.

2001

erscheint die 2. überarb. und erw. Auflage des Berichts über eine der umfassendsten deutschen Hochbegabungsstudien der Gegenwart unter der Leitung von Professor KURT A. HELLER, München: *Hochbegabung im Kindes- und Jugendalter*. Das Buch dient der Vorbereitung für einen eigenen Test: das *Münchner Hochbegabungs-Testsystem (MHBT)* von HELLER und seinem Rostocker Kollegen CHRISTOPH PERLETH. Ziel des Tests (der bei Redaktionsschluss noch nicht erschienen war): »differentielle Identifizierung und Förderung hochbegabter Kinder und Jugendlicher gegenüber einseitig IQ-basierten Vorstellungen und Praktiken« (HELLER 2001, S. 7).

Das *Human Genom Project* der Erforschung des menschlichen Erbguts wird in groben Zügen abgeschlossen. Dies heizt viele Fantasien der Genetiker an, wie man das Erbgut verbessern könnte – nicht zuletzt die Intelligenz. Solche Projekte sind – wie die Visionen der KI-Forscher (→ KURZWEIL 1999) – jedoch ziemlich absurd angesichts der Tatsache, dass sehr viele der real bereits lebenden Hochbegabten Underachiever sind und ihr angeborenes Potenzial gar nicht verwirklichen (→ 2004).

Am 11. September verüben islamistische Attentäter mit vier entführten Passagierflugzeugen Anschläge auf das World Trade Center in New York und das Pentagon in Washington. Das WTC wird total zerstört – 2749 Todesopfer sind allein dort zu beklagen. Als Drahtzieher wird der saudi-arabische Bauunternehmer und Millionär OSAMA BIN LADEN ausgemacht, der in Afghanistan mit den Taliban eine beachtliche Terroristentruppe aufgebaut hat: das international operierende Netzwerk al Qaida. Wenn BIN LADEN wirklich der Kopf hinter dem Ganzen ist, dann hat er sich als äußerst fähig erwiesen: als einer der hochbegabten Soziopathen vom Schlage ADOLF HITLERS, die sich die wachsende Unzufriedenheit großer Bevölkerungsgruppen zunutze machen und dort ihre Kämpfer rekrutieren.

STEPHEN HAWKING, hochgelobter Astrophysiker und Kosmologe, schlägt in seinem Buch *Das Universum in der Nussschale* vor, den Menschen genetisch zu veredeln. Das hätte nach seinen Vorstellungen allerdings zur Folge, dass die Kinder wegen ihrer vergrößerten Gehirnmasse nicht mehr durch ein normales weibliches Becken auf die Welt kommen können und deshalb in Labors gezüchtet werden müssten. Auch eine Aufrüstung der humanoiden Gehirne durch Computer-Chips käme für ihn in Frage. (Vielleicht sollte jemand HAWKING einmal darauf aufmerksam machen, dass jeder zweite heute schon existierende Hochbegabte gar nicht als solcher erkannt wird oder Erfolg hat.)

ELMAR SCHENKEL veröffentlicht seine umfassende Biografie über Leben und Werk von H.G. WELLS, dem großen englischen Utopisten und Visionär (auch → 1895). Der Untertitel drückt das Thema auf sehr poetische Weise aus: »Der Prophet im Labyrinth«.

Vier italienische Anwälte kommen nach New York, um einem »mittellosen, unbegabten Pizza-Ausfahrer« mitzuteilen, dass er ein unglaublich großes Vermögen geerbt hat und nun damit machen kann, was er will. Das ist der Plot von ANDREAS ESCHBACHS Roman mit dem programmatischen Titel: *Eine Billion Dollar*. Auf 734 Seiten entfaltet sich eine komplexe und spannende Geschichte, in der man nicht nur auf unterhaltsame Weise viel Interessantes über Geld erfährt und wie es die Welt regiert, sondern auch über die langsame Entfaltung eines verschütteten Talents. Dieser »unbegabte Pizza-Ausfahrer« mit Namen John Fontanelli ist nämlich gar nicht so unbegabt, sondern eher das, was man einen *Underachiever* nennt – einen, der seine Begabungen (noch) nicht realisiert hat (sie ruhen gewissermaßen unter seiner Fontanelle – *nomen est omen*), und dies nun kann – mit einer Billion kein Problem, sollte man meinen.

Aber es gibt einen Gegenspieler namens McCaine, der nicht nur ein brillanter Kopf ist, sondern auch sehr trainiert, diesen in der Wirtschaftswelt einzusetzen. Und er hat, obwohl zunächst Untergebener der Hauptfigur, ganz andere Vorstellungen davon, was man mit so viel Geld machen sollte.

Die Annahme, da könnte jemand vor einem halben Jahrtausend Geld auf ein Sparkonto gelegt haben, das sich mit Zins und Zinseszins Ende unseres Jahrhunderts als eine Billion Dollar manifestiert, ist m.E. pure Science Fiction. Aber wie das sich als Realität heranschleicht, das ist großartig zu lesen – vergnüglich und (wenn man auf den letzten Seiten angelangt ist) gruselig zugleich!

(Andere SF-Autoren, die ich wegen ihres visionären Weitblicks sehr schätze, sind BRIAN ALDISS → 1973 und → 2003, GENE BREWER → 1995, HERBERT W. FRANKE und WOLFGANG JESCHKE.)

2002

erscheint die von dem Soziologieprofessor MICHAEL HARTMANN durchgeführte Studie *Der Mythos von den Leistungseliten*. Darin wird anhand von vier Jahrgangs-Kohorten nachgewiesen, dass in Deutschland nach wie vor die Zugehörigkeit zu den oberen Schichten der Gesellschaft darüber bestimmt, ob jemand als Ingenieur, Jurist oder Wirtschaftswissenschaftler in die Top-Führungspositionen aufsteigt. Allein die Promotion (neben der Habilitation die schärfste Begabungsauslese) genügt offenbar nicht.

HANS A. NEUNZIG betrachtet kritisch und wohlwollend zugleich, was geschieht, wenn zwei brillante Köpfe sich begegnen. Seine Beobachtungen (zunächst vorgestellt in einer Reihe des Bayerischen Rundfunks) veröffentlicht er in Buchform unter dem Titel *Genius trifft Genius*.

(Ein ähnliches Sujet behandelt ULLA FÖLSING in ihren Buch *Geniale Beziehungen* → 1999.)

In seinem Film *Xiaos Weg* erzählt der chinesische Regisseur CHEN KAIGE die Geschichte eines hochbegabten Geigers, der sich dem üblichen Karriereweg verweigert. Ein Konflikt-Modell, das auch andere

Filme (z.B. *Good Will Hunting* von GUS VAN SANT), Romane und Theaterstücke immer wieder durchspielen: Wie weit muss sich ein Mensch verbiegen, um seine Begabung voll zu realisieren? Und wann muss er mit dieser Anpassung aufhören, um sich nicht selbst zu verlieren?

Der amerikanische Regisseur STEVEN SODERBERGH verfilmt, mit dem großartigen GEORGE CLOONEY in der Hauptrolle, Stanislaw Lems SF-Roman *Solaris* (→ 1968 und Filmografie). (Der Russe ANDREJ TARKOWSKIJ hat den Roman bereits 1972 auf die Leinwand gebracht.)

2003
veröffentlicht AIGA STAPF vom Psychologischen Institut der Universität Tübingen die Ergebnisse ihrer → 1986 gegründeten Arbeitsgruppe *Begabung und Persönlichkeitsentwicklung*. Von den mehr als 1200 Kindern und Jugendlichen stellen sich 36 Prozent als hochbegabt heraus und 30 Prozent als weit überdurchschnittlich intelligent.

BERND DOSTS TV-Doku *Vier helle Köpfe* zeigt am Beispiel von hochbegabten Kindern aus drei Familien, wie unterschiedlich das Milieu ein Potenzial prägen, fördern oder hemmen kann.

In New York erscheint das Buch *Human Accomplishment* von CHARLES MURRAY (→ 1994). Die Hochkulturen der letzten fünf Jahrtausende werden analysiert. Die europäisch-amerikanische Kultur wird als allen anderen weit überlegen dargestellt. Murray überbewertet jedoch einseitig technische und naturwissenschaftliche Errungenschaften und negiert die anderen Qualitäten der chinesischen, indischen und arabischen Kulturen und vieler indigener Völker.

»Für entscheidend hält MURRAY [...], dass ein erdrückender Teil derer, die in der Weltkultur Rang und Namen hatten, im Zeitraum zwischen 1500 und 1900 n. Chr. aufgetreten sind – und das in Europa. 72 Prozent von ihnen stammen aus den erwähnten vier Kernländern Alteuropas. Auf der Suche nach den Gründen dafür mustert Murray alle möglichen sozialen und politischen Kausalitäten, um endlich im langen Schatten MAX WEBERS auf die Religion zu stoßen: Seit THOMAS VON AQUIN, in MURRAYS Augen eine Art Proto-Calvin, sei das Christentum zum großen Anreger und Motor geistiger Höchstleistung geworden – im Unterschied zu allen anderen Religionen der Weltgeschichte.« (ULRICH RAUFFS in einer kritischen Rezension am 10. November 2003 in der *Süddeutschen Zeitung*).

Von der *Verwertungsgesellschaft WORT* bekommen in diesem Jahr fast 100 000 Journalisten und Schriftsteller (etwa 20 000 Pseudonyme mitgezählt) einen Scheck für die Zweitrechte publizierter Texte.

DAGMAR ANTJE SCHMITZ veröffentlich ihr wegweisendes *Handbuch des kreativen Schreibens*. Darin stellt sie, in Ergänzung zu einem vorangegangenen Buch, Möglichkeiten vor, wie man bereits mit Hauptschülern erfolgreich kreativ schreiben kann.

Als im Sommer 2003 der fünfte Band der Abenteuerserie um den Zauberlehrling *Harry Potter (Order of the Phoenix)* erscheint, wird in Deutschland sogar die englischsprachige Ausgabe (!) zum Bestseller mit über 100 000 Auflage, und das Gesamtwerk (Weltauflage: 250 Millionen) macht die Autorin JOANNE K. ROWLING 2003 zur reichsten Frau Englands – mit guten Chancen, bis zum abschließenden siebenten Band die reichste Frau der Welt zu werden. Und das mit nichts anderem als einem exzellenten Schreibtalent (auch → 1997).

Der dritte *Terminator*-Film kommt in die Kinos (wieder mit ARNOLD SCHWARZENEGGER in der Hauptrolle). Wie schon in den ersten beiden Streifen ist es in der Zukunft zu einer »Rebellion der Maschinen« (so der Untertitel) gekommen. Diese sind dabei, die Menschheit auszulöschen, weshalb ein letzter verzweifelter Trupp von menschlichen Widerstandskämpfern per Zeitmaschine einen von ihnen zurück in die Vergangenheit schickt, also in unsere Gegenwart. Er soll die Schaffung der Chips verhindern, die künstliches Bewusstsein ermöglichen und so eine völlig neue Evolutionslinie der Maschinen auslösen.

Wie auch die beiden *Matrix*-Filme und andere SF-Produktionen, geht *Terminator* von einem alten Klischee der SF aus, wonach es demnächst möglich sein wird, in Computern *Artificial Intelligence* und sogar künstliches Bewusstsein zu erzeugen (auch → 1843, 1999 und 2029). Auch das Konzept des *Cyberspace* beruht auf solchen Spekulationen, wonach es demnächst Menschen möglich sein soll, sich mit Hilfe von bio-elektronischen Implantaten mit Computern *denkend* zu verbinden und so den ultimativen *Prothesengott* (→ 1927) zu erzeugen.

Im August 2003 beginnen in Nürnberg auf einer kurzen Strecke in der Station »Wöhrder Wiese« Tests mit führerlosen U-Bahnen – Vorläufer einer ersten praktischen (großtechnischen) Anwendungen von Künstlicher Intelligenz (KI)?

Im November wird im Bonner Stadtmuseum, ausgehend vom Vorzeige-Genie der Stadt, eine Ausstellung zum Thema *Beethoven und andere Wunderkinder* eröffnet. Der opulent ausgestattete Katalog (BODSCH 2003) lässt auch aus der Ferne nachvollziehen, wie faszinierend diese Schicksale für die Zeitgenossen waren und sind – und wie bedauernswert die meisten diese exotischen Geschöpfe in Wirklichkeit waren.

Der britische Psychoanalytiker und Neurochirurg MARK SOLMS, Herausgeber der neuen Zeitschrift *Neuro-Psychoanalyse*, zieht Bilanz von SIGMUND FREUDS Wirken: »Die zentrale Aussage Freuds, dass ein großer Teil unseres Verhaltens unbewusst gesteuert ist, hat [...] eine grandiose Bestätigung erfahren [...] Vermutlich nirgends ist die neurowissenschaftliche Renaissance der Freud'schen Theorie so offensichtlich wie auf dem Gebiet der Schlaf- und Traumforschung.« (*Spiegel* Spezial Nr. 4/2003, S. 60–62) (zu FREUD s. auch → 1884, 1895, 1927, 1930).

Wie viele hochbegabte Menschen haben bis auf den heutigen Tag (Stichjahr: 2003) gelebt? Eine statistische Spekulation:
Nach Angaben US-amerikanischer Bevölkerungswissenschaftler (Quelle: Population Reference Bureau) haben bislang 106,4 Milliarden Menschen überhaupt gelebt; man setzt dafür als Referenzpunkt die Zeit etwa um 50 000 v. Chr. an, ab der man von *Menschen* (Homo sapiens sapiens) im heutigen Sinne spricht.
Wären in diesem Zeitraum immer drei Prozent der Menschen Hochbegabte gewesen, so käme man auf die stattliche Anzahl von mehr als drei Milliarden.

2004

Im Januar verkündet das regierende Bündnis von SPD und Grünen unter Kanzler GERHARD SCHRÖDER, dass »zehn Elite-Universitäten« à la Harvard (in den USA) Deutschland die verloren gegangene Führung als Volk der kreativen und innovativen Forscher wieder zurückerobern sollen. Das Unternehmen wird heftig kritisiert und als »Märchen-Universität« (*Süddeutsche Zeitung* vom 7. Januar) apostrophiert. Wie soll auch im Hauruck-Verfahren etwas durchgesetzt werden, das – mindestens – 15 Jahre zuvor längst geplant wurde und schon deshalb kaum zustande kommen dürfte, weil die eigentlichen Machthaber im universitären System, die Professoren, vermutlich selbst das geringste Interesse daran haben, dass sich etwas grundlegend ändert?
Es wäre schon eine gewaltige Verbesserung, wenn man möglichst allen Studenten im ersten Semester beibringen würde, wie man verständlich schreibt (und somit auch denkt): also *Creative Writing*-Kurse wie in den USA längst üblich.

Aber das ganze Projekt der »Elite-Unis« ist, ähnlich wie die Züchtungsfantasien der Genetiker und KI-Forscher (→ Kurzweil 1999), schon deshalb eine Farce, weil sich niemand ernsthaft Gedanken darüber macht, wie man das brachliegende Reservoir der real existierenden Underachiever aktivieren könnte. Dieses wird auf bis zu 50 Prozent der Hochbegabten geschätzt – das wären allein in Deutschland rund 1,2 Millionen Menschen – weltweit an die 90 Millionen!

Der US-amerikanische Genetiker ROBERT PLOMIN verdankt einem Intelligenztest seine akademische Laufbahn. Nun sucht er nach genetischen Ursachen von (hoher) Intelligenz: Er geht davon aus, dass von den 40000 bis 50000 menschlichen Genen etwa 30000 (!) für den Denkprozess benötigt werden – also nicht nur einige wenige (die sich dann auch noch gezielt manipulieren ließen), wie manche Forscher bislang glaubten: »... um logische Probleme zu lösen, brauchen wir das ganze Gehirn.«

An seiner Studie nehmen »200 der klügsten Jugendlichen der USA teil. [...] Annahme ist, dass bei einem Menschen mit extrem hoher Intelligenz viele Gene in ihrer optimalen Variante zusammenkommen müssen.« (PLOMIN 2004)

Am 22. Januar funkt der automatische Beobachtungssatellit *Mars-Express* der Europäer vom Roten Planeten die bislang besten Bilder. Sensationell ist die Entdeckung von Wasser (in Form von Eis) am Südpol. Dadurch ist die Möglichkeit von Leben auf der Nachbarwelt nicht mehr nur Fantasie von SF-Autoren, sondern ganz reale Möglichkeit – entweder ursprüngliches (vermutlich ausgestorbenes) Marsleben oder als Chance für eine bemannte Expedition von der Erde, sich dort selbst zu versorgen. Die Spekulationen über intelligentes, uns Erdenbewohnern vielleicht sogar weit überlegenes außerirdisches Leben wird allerdings mehr genährt durch eine Studie australischer Astrophysiker. Sie kommt fast zur selben Zeit zum Ergebnis, dass etwa jeder zehnte der 400 Milliarden Sterne unseres Milchstraßensystems eine Umwelt bieten, in welcher komplexere Lebewesen entstehen könnten. 40 Milliarden Planeten – das böte sogar eine recht gute Chance für die Evolution menschenähnlicher Geschöpfe. Das Projekt SETI (→ 1984) könnte also demnächst Erfolg haben.

Dasselbe Team stellt zur Diskussion, dass es in dem uns für Beobachtungen zugänglichen Universum sogar 70 Trilliarden Sterne geben könnte – genug Chancen jedenfalls für extrasolare Planeten und potenzielles (intelligentes) Leben (*Focus* Nr. 2/2004).

(Zur geplanten bemannten Expedition der NASA informiert überzeugend JESCO VON PUTTKAMERS *Jahrtausendprojekt Mars*.)

Ende Januar findet an der Bundesakademie in Wolfenbüttel in der Tradition der amerikanischen Clarion- und Milford-Workshops (→ 1956, 1968) ein Seminar für SF-Autoren statt. Unter Leitung von ANDREAS ESCHBACH (dem ersten SF-Autor, der in Deutschland nach dem Krieg wieder großen Erfolg hat mit seinen Romanen *Das Jesus-Video*, *Eine Billion Dollar* → 2001 und *Exponentialdrift*) und KLAUS N. FRICK, dem Chef-Redakteur der weltweit erfolgreichsten und langlebigsten SF-Reihe *Perry Rhodan*, befassen sich die Teilnehmer mit dem Thema »Weltenbau in der Science Fiction«.

Dies ist nicht nur für den Hintergrund von SF-Romanen wichtig (z.B. in Form einer außerirdischen Zivilisation), sondern für jede Art kreativer Literatur. In Bezug auf das Hochbegabungs-Thema eröffnet *Weltenbau* hochinteressante Ausblicke. Beispielsweise basiert das Entstehen einer neuen Weltsicht, die zu einem Paradigmenwechsel führt (→ LUTHER 1513, → FREUD 1895, → EINSTEIN 1915), genau darauf, dass der Innovateur ein altes Weltmodell kritisch analysiert und Neuerungen vorschlägt – also buchstäblich eine neue (geistige) Welt baut.

Entsprechend könnte man Hoch- und Höchstbegabte, jedenfalls die kreativen unter ihnen, als *Welten-Baumeister* bezeichnen.

Aus dem → 1969 entstandenen Internet ist in Kombination mit dem PC das modernste Tool geworden, das aus Kultur und Gesellschaft nicht mehr wegzudenken ist. 2004 hat schon jeder zweite Bundesbürger über 14 Jahren Zugang zu diesem Netzwerk. Analysen zeigen, dass die gebildeteren und besser verdienenden (ergo auch: intelligenteren) Menschen insbesondere in den westlichen Industrieländern die größten Nutzer und Nutznießer sind. Die Bewohner der asiatischen Länder holen inzwischen deutlich auf.

Die ursprünglich militärische Nutzung hatte sich zunächst in die Universitäten (dort vor allem unter den Naturwissenschaftlern und Ingenieuren) erweitert und ist inzwischen zu einem immer wichtigeren Kommunikationsmittel der Wirtschaft und der gesamten Gesellschaft geworden – ein Siegeszug, der sich nur mit dem des Computers vergleichen lässt.

Zukunftsausblicke

2026

Nach einer Prognose der Zeitschrift *Science* aus dem Jahr → 1968 muss die Menschheit bis etwa zum Jahr 2026 wichtige Parameter der Menschheitsentwicklung drastisch verändert haben. Vor allem müssen Bevölkerungsexplosion und Umweltverschmutzung reduziert werden, und es dürfen keine Kriege mehr stattfinden. Kann dieser *Point of no return* des Jahres 2026 nicht abgewendet werden, dann führen sich selbst verstärkende negative Regelkreisprozesse mit hoher Wahrscheinlichkeit zur Vernichtung der Menschheit.

2029

sollen RAY KURZWEIL (→ 1999) zufolge Computer über eigenes Bewusstsein verfügen und die Menschen dies akzeptieren (auch → 1843: ADA LOVELACE).
Dies führt angeblich dazu, dass in Produktionswesen, Landwirtschaft und Transportgewerbe praktisch keine Menschen mehr tätig sind, weil computergesteuerte Geräte deren Funktion übernehmen. Folgerichtig wird die menschliche Spezies bald danach von den viel intelligenteren Maschinen abgelöst (ähnlich wie dies in den *Terminator*-Filmen mit ARNOLD SCHWARZENEGGER [→ 2003] auf sehr kriegerische Weise geschieht).

2099

»Das ausgehende Jahrhundert wird geprägt von dem Trend, das menschliche Denken mit der ursprünglich vom Menschen geschaffenen Maschinenintelligenz zu verschmelzen. Auf erweiterten Modellen der menschlichen Intelligenz basierende Maschinen definieren sich als menschlich. Die meisten dieser Intelligenzen sind in ihrer Existenz nicht mehr an eine spezifische Prozessoreneinheit gebunden. Menschen, deren Existenz auf Software beruht, sind gegenüber denjenigen bei weitem in der Überzahl, die noch immer die traditionelle neuronale und auf organischen Zellen gründende Verarbeitungsmethode nutzen. Allerdings bedienen sich auch diese Menschen zum größten Teil der Neuroimplantate, die ihre Wahrnehmungs- und Erkenntnisfähigkeiten enorm steigern. Wer auf solche Implantate verzichtet, ist nicht mehr in der Lage, sinnvoll mit anderen zu kommunizieren.« (KURZWEIL 1999, S. 10)

2250

Im 23. Jahrhundert (sagen wir: um 2250) kann – laut PHILIP K. DICKS SF-Roman *Solar Lottery* – jeder zum absoluten Herrscher der Welt werden, dessen *Machtkarte* von der *magnetischen Lotterie-Flasche* gezogen wird. Aber dieses Zufallssystem, das dazu dienen soll, unangemessene Machtkonzentrationen zu verhindern, versagt, und die Angehörigen der entrechteten Arbeiterklasse müssen verzweifelte Maßnahmen ergreifen, um ihre Rechte (wieder) zu gewinnen.

Wenn man den Roman im Hinblick auf die Rolle liest, welche Intelligenz und Begabung in dieser fiktiven Zukunft spielen, bekommt er interessante Zusatzqualitäten: Er wird, wie bei der Science Fiction so oft, zu einem Spiegel der Gegenwart (in diesem Fall: der 50er Jahre, in denen das Buch entstand) und zeigt recht deutlich, dass – wie bisher immer in der Menschheitsgeschichte – nicht nur Intelligenz und Begabung den Ausschlag für die Karriere eines Menschen geben, sondern auch das Milieu, das ihn fördert oder hemmt und ihm vor allem den Eintritt in das soziale Netzwerk verschafft, das zur Entfaltung der Begabungen genau so nötig ist.

DICK geht sogar noch weiter und überlässt es dem Zufall, über diese Karriere zu entscheiden – eine äußerst pessimistische und letztlich absurde, ja parodistische Vorstellung, die zu einer heimlichen Sozialkritik an den Mängeln der (amerikanischen) Demokratie wird (zu DICK s. auch → 1955).

2650

In seinem → 1945 erstmals veröffentlichten Roman *World of Null-A* (1945) beschreibt ALFRED EATON VAN VOGT (*1912) die Welt des Jahres 2650. In dieser Erzählung lenkt eine gewaltige Rechenmaschine die Geschicke der Menschheit, die ihre Entscheidungen aufgrund rein rationaler Kalkulationen und mittels höchstentwickelter *Künstlicher Intelligenz* (→ 1999) trifft. Jedes Jahr finden spezielle Wettbewerbe (die *Spiele*) statt, an denen sich jeder Mensch beteiligen kann. Sie öffnen in Form eines komplexen Intelligenz- und Persönlichkeitstests die Chance für den Aufstieg der erfolgreichen Teilnehmer bis in die höchsten Ämter und Positionen der Wirtschaft und Wissenschaft.

Bei aller Trivialität der Erzählung bietet sie dennoch interessante Einblick in mögliche Entwicklungen der Menschheit, in der Hoch- und Höchstbegabte eine zunehmend wichtige Rolle spielen werden.

18 kommende Menschheiten

»Wer nicht von dreitausend Jahren /Sich weiß Rechenschaft zu geben /Bleibt im Dunkeln unerfahren /Mag von Tag zu Tage leben.« Diesen Sinnspruch GOETHES aus dem *West-östlichen Divan* habe ich diesem Buch als Motto vorangestellt. Ich möchte ihn nun gerne erweitern und so formulieren: »Wer nicht von dreißigtausend Jahren ...«
Denn in jener vorgeschichtlichen (= nicht schriftlich dokumentierten) Zeit fängt das an, was ein Redakteur des *Spiegel* (Heft 1 von 2004) als »Urknall der Kreativität« bezeichnet hat und was meines Erachtens das erste Auftreten dessen signalisiert, was man heute als Hochbegabung bezeichnet.

In meinem Buch *Das Drama der Hochbegabten* (und dies spiegelt sich hier in der Zeittafel natürlich wider) schreibe ich sogar davon, dass damals eine – bislang letzte – große Mutation stattfand, welche einen neuen Typ Mensch entstehen ließ – die Spezies VI a.

Ich möchte deshalb die eigentliche Zeittafel mit einer kleinen Chronologie ergänzen, die den Aufstieg der Menschheit in komprimierter Form zeigt: als Abfolge von sechs beziehungsweise sieben voneinander deutlich unterscheidbaren Spezies (s. S. 104 ff.).

Falls Ihnen diese Zahl hoch erscheint, so sollten Sie einmal das Buch *Last and First Men* von OLAF STAPLEDON lesen. Dort sagt dieser englische Philosoph und Visionär sogar 18 kommende Menschheiten voraus!

Entwicklung in sieben Spezies

Datierung	Bezeichnung der Spezies	Ereignis	Gesellschaftsform
vor 2 Mio. Jahren	Spezies I–IV	Frühe Erscheinungsformen der Hominiden, die zum modernen Menschen führen.	Urtümliches Humanat [9]
-100 000	Spezies V: Neandertaler	Erscheinen des Neandertalers als neuer Mutation innerhalb der Menschheits-Evolution (Jäger und Sammler).	
-35 000 [-50 000]	Spezies VI: Cro Magnon	Die neue Menschenart des Cro Magnon taucht auf und verdrängt allmählich den Neandertaler. (Beide Spezies leben allerdings noch gut 10 000 Jahre nebeneinander, vielleicht sogar miteinander.)	Humanat
-30 000	Spezies VI ----- <Spezies VIa>	Eine neue Mutation (Spezies VIa: die Hochbegabten) tritt vereinzelt auf. Sie besetzt in den frühen Kulturen der »Jäger und Sammler« die wichtigsten Positionen (zunächst des Medizinmanns, später auch des Häuptlings) und sorgt mit ihrer Kreativität für die Innovationen und deren Durchsetzung auf dieser frühen Kulturstufe – hat aber ansonsten noch wenig Chancen, sich durchzusetzen.	Humanat
-9000	Spezies VI dominiert ------- (Spezies VIa entsteht im Verborgenen)	Die *Neolithische Revolution* (Einführung von Ackerbau und Viehzucht) verschafft findigen Köpfen immer mehr Chancen, sich im Lebenskampf zu bewähren und mit ihren Familien und Clans materielle und geistige Macht zu erringen (frühe Städte: Göpekli Tepe, Catal Hüyük, Jericho).	Allmähliche Entstehung patriarchaler Strukturen

[9] Unter Humanat verstehe ich (JvS) eine Gesellschaftsform, in der Mann und Frau wirklich gleichberechtigt sind.

-3200 (Bronze-Zeit)	(Spezies VIa dominiert im Verborgenen) ------- Spezies VI	Die Mutation der Hochbegabten bekommt ihre zweite große Chance (die sie auch gehörig nutzt), als in Sumer, Ägypten, China und auf Kreta die großen Stadt-Zivilisationen und frühen Reiche entstehen. In deren immer komplexeren sozialen und kulturellen Strukturen werden entsprechend große Talente gebraucht. Die **männlichen** Hochbegabten setzen sich durch – auf Kosten der weiblichen (in der Mythologie: GILGAMESCH entmachtet die Stadtgöttin INNANA von Uruk – THESEUS verlässt ARIADNE). Das Patriarchat entsteht.	Patriarchat (Beispiele: GILGAMESCH, THESEUS)
Jahr 0		Auf der ganzen Erde leben 300 Millionen Menschen.	Patriarchat
2000		Auf der ganzen Erde leben sechs Milliarden Menschen – von denen schätzungsweise 180 Millionen (rund drei Prozent) als hochbegabt gelten. Durch die moderne Technik, insbesondere den Computer und das Internet, bekommt diese Spezies VIa enorme zusätzliche Chancen und entsprechenden Machtzuwachs.	Patriarchat
Nahe Zukunft		**Drei denkbare Szenarien,** die davon abhängen, wie sich die Hochbegabten in Zukunft verhalten werden: a) Werden sie mehrheitlich nur ihre eigenen egoistischen Interessen durchsetzen und die Mehrheit der Normalbegabten wie bisher als Verfügungsmasse betrachten (Extremfall: Feudalherrschaft, Diktatur)?	

Nahe Zukunft		b) oder werden sie Verantwortung für das Wohl der gesamten Menschheit übernehmen und die egomanischen Soziopathen aus dem eigenen Lager neutralisieren?	
Variante 1	Spezies VIa [10] dominiert	1) Spezies VIa (Hochbegabte) macht mit modernen Technologien die Spezies VI (Normalbegabte) erst überflüssig und verdrängt sie dann – so wie einst der Cro Magnon den Neandertaler verdrängte.	Patriarchat
Variante 2	Spezies VI dominiert	2) Spezies VI setzt sich zur Wehr und vernichtet Spezies VIa (Hochbegabte) – geht dann aber wahrscheinlich an ihrer eigenen Unzulänglichkeit und mangelnden Kreativität zugrunde.	Patriarchat
Variante 3	Homo futurus	3) Die beiden Spezies VI und VIa kooperieren besser als bisher und schaffen den *Homo futurus*.	Humanat (moderne Variante)

---

[10] Warum nenne ich sie »Spezies VIa« und nicht »Spezies VII«? Weil sich Normalbegabte und Hochbegabte in der grundsätzlichen genetischen Ausstattung nicht unterscheiden; bei den Hochbegabten (mit einem IQ von 130 aufwärts) ist lediglich das Gehirn schneller getaktet und vermag Informationen komplexer zu vernetzen und zu verarbeiten – was allerdings einen deutlichen Vorteil darstellt.

Teil II:
Anwendungen der Zeittafel-Methode

Diese Zeittafel hatte für mich als Autor zunächst nur die Aufgabe, wichtige Informationen für mein Buch *Das Drama der Hochbegabten* zusammenzutragen und zu organisieren. Dabei wurde mir bewusst, dass dieses von mir entwickelte Werkzeug auch für andere *Kopfarbeiter* interessant sein könnte. Entsprechend sollen die folgenden Gedanken *Journalisten, Schriftstellern, Wissenschaftlern* und anderen neugierigen Daten-Sammlern Anregungen liefern, wie man für sich selbst und für potenzielle Leser das Material zu einem Thema durch die chronologische Anordnung sinnvoller aufbereiten kann.

Bereits während des Zusammentragens des Materials (möglichst in einem gut sortierten und strukturierten Thesauros aus Hängemappen) kann die Form der allmählich wachsenden Zeittafel das ideale Gerüst für Publikationen liefern.

Studenten möchte ich dringend ans Herz (und Hirn!) legen, sich vom ersten Semester an ihr Hauptgebiet anhand einer Zeittafel zu erschließen. Selbst wenn es diese bereits geben sollte (und bei vielen Fächern ist dies noch nicht der Fall!), ist es schon aus lernpsychologischen Gründen sinnvoll, sich eine derartige Chronologie selbst anzulegen.

Ich rate dies auch *Schülern* für ihr Lieblingsfach; denn wenn daraus später vielleicht ein Studienfach wird, hat sich bereits eine Menge Material angesammelt, das durch die chronologische Struktur exzellent aufbereitet ist. Nehmen wir einmal an, der Gymnasiast Jay interessiert sich ab seinem 15. Lebensjahr für die Themen »Raumfahrt«, »Science Fiction« und »Jazz und Rhythm'n'Blues«. Darüber weiß er viel, hat eine Menge Bücher gelesen, Filme gesehen und CDs gehört. Er will nicht nur passiv aufnehmen, sondern die vielen Informationen auch aktiv verarbeiten und gestalten. Deshalb legt er sich Karteikarten an, auf denen er zu Büchern und Filmen seine Gedanken und Bewertungen notiert. Hier ist aufgelistet, was nach und nach daraus wird:

Thema	Ereignis	Ergebnis
Jazz, Blues	11. Klasse: Vortrag im Musikunterricht	»Einflüsse des afroamerikanischen Rhythm'n'Blues auf die Beatles und Rolling Stones«.
Science Fiction	12. Klasse: Referat im Deutschunterricht	»Science Fiction – Fluchtliteratur oder Visionen der Zukunft?«
Raumfahrt	Abitur-Aufsatz	»Weltraumfahrt – Erweiterung des Horizontes oder Vergeudung von vielen Milliarden? Nehmen Sie Stellung.«

Alle drei Themen verfolgt Jay auch später weiter. Je nachdem, ob er sich nun für das Studium der Psychologie (mit Kommunikationswissenschaft als Zweitfach) entscheidet oder für Amerikanistik (mit Betriebswirtschaftslehre als Zweitfach) – denn zwischen beiden Fächern schwankt er lange –, er kann beide Male auf seine Interessenschwerpunkte zurückgreifen und daraus je nach Anspruch Seminararbeit, Diplomarbeit, Dissertation oder gar Habilitationsschrift entwickeln. Die folgende Tabelle gibt ein paar Anregungen.

Fach \ Thema	Jazz, Blues	Science Fiction	Raumfahrt
Psychologie	»Einflüsse der Sklaverei auf den Rhythm'n'Blues in sozialpsychologischer Sicht« usw.	»Tiefenpsychologische Aspekte der SF der 40er und 90er Jahre im Vergleich von je fünf typischen Romanen« usw.	»Penis oder Uterus? Die paradoxe Doppelsymbolik von Raumschiffen« »Die Rolle der Hochbegabten in der utopischen Literatur« usw.
Kommunikationswissenschaft (als Zweitfach)	»Rhythmus und Melodie als Mittel der oralen Kommunikation – am Beispiel des Blues« usw.	»Einflüsse des SF-Romans der 50er und 60er Jahre auf die Filme der folgenden Generation (Lucas, Spielberg, Scott et al)« usw.	»Satellitenfernsehen, Internet – and what's next?«
Amerikanistik	»Die Wurzeln des Blues in der Sklaverei« usw.	»Science Fiction – Fluchtliteratur oder Visionen der Zukunft?« usw.	»Aliens als Invasoren und Heilsbringer – Spiegel der Ängste des amerikanischen Durchschnittsbürgers oder nur Obsessionen einer künstlerischen Nischen-Elite?« usw.
BWL (als Zweitfach)	»Spin-offs der Raumfahrt in die amerikanische und die Weltwirtschaft – Top oder Flop?« usw.	»Blues und Jazz als Wirtschaftsfaktoren in der europäischen und amerikanischen Musikindustrie.« (Schönes Thema für eine Dissertation!)	»Weltraumfahrt – Erweiterung des Horizonts oder Vergeudung von vielen Milliarden?« usw.

Wer da auf eine entsprechende Zeittafel zurückgreifen kann, die in einer ständig weiter ausgebauten Kartei oder (wesentlich sinnvoller und ertragreicher!) in einer Datenbank erfasst wird, braucht sich um Lernerfolg, Prüfungsergebnisse und Schreibblockaden vermutlich nicht mehr so viele Gedanken machen wie die Kommilitonen, die nur aus dem Lehrbuch büffeln und fremde Vorlesungsmitschriften kopieren.

Wer aber das Studium irgendwann abbricht und stattdessen vielleicht lieber Schriftsteller wird, kann ebenfalls mit Erfolg auf dieses Archiv zurückgreifen.

Horizontale und vertikale Vernetzung von Informationen

Der tiefere Sinn von Zeittafeln ist die *vertikale* (über die Zeitlinie) mögliche Vernetzung von Informationen zu einem bestimmten Thema. Anders die *horizontale* Vernetzung. Ich setze sie in zwei Varianten ein: als
– *lineare* Vernetzung (im Textverlauf eines Buches) oder
– *alphabetische* Vernetzung (nach wichtigen Personen oder nach Themen).

Die vertikale Vernetzung lässt demgegenüber das allmähliche Entstehen der Ideen und Themen durch historische Ereignisse und wichtige Publikationen, Konferenzen und andere Hintergrundinformationen sichtbar werden. Beim Thema Hochbegabung waren dies zum Beispiel Informationen über das Internet, das Labyrinth-Motiv und die generelle kulturelle Entwicklung.

Zeigte die vorangehende Zeittafel modellhaft, wie man dieses Werkzeug für ein Sachthema einsetzen kann (auch als Vorbereitung einer Diplomarbeit oder Dissertation oder auch schon für eine komplexere Facharbeit in der Schule), so möchte ich nun drei weitere Möglichkeiten für den Einsatz dieses Werkzeugs vorstellen: das Erstellen eines *Lebenslaufs mit Tiefgang*, das Anlegen einer *Erzählenden Familienchronik* und schließlich, um einen *Roman* vorzubereiten.

Man kann übrigens statt einer Tabelle in einem Word-Dokument (wie anschließend verwendet) noch etwas viel Raffinierteres einsetzen: eine Datenbank mit speziellen Feldern, mit deren Hilfe man das Material nach Jahreszahlen, Themengruppen, Personennamen, Stichwörtern für ein Glossar, bibliographischen Angaben, dem vorgesehenen Platz in einem bestimmten Kapitel und vielen anderen Gesichtspunkten mehr organisieren kann.

Die »Persönliche Zeittafel«
(Lebenslauf mit Tiefgang)

Die *Persönliche Zeittafel* ordnet den willkürlichen Strom der Einfälle auf der Zeitachse und stellt oft schon durch die bloße Datierung bislang verborgene innere Zusammenhänge her.

Wie ein ungeheurer Strom zieht das Leben an einem vorbei – wie es aussieht, mit immer größerer Geschwindigkeit, je älter man wird.

Wie kann man in dieser rasenden Fülle so etwas wie Gelassenheit, Zusammenhang, Struktur – ja sogar Sinn entdecken, statt nur willkürliches Durcheinander?

Immer wieder etwas herausholen aus diesem »Strom des Lebens«, es gelassen von allen Seiten betrachten, ihm nachspüren, sich hineinversetzen – das wäre doch eine Möglichkeit!

Sie steht uns in der Tat zur Verfügung: Wenn wir ab und zu etwas aufschreiben von dieser Fülle. Das ist dann so, als würden wir aus dem reißenden Strom, der da vorbeistrudelt, hier ein Ästchen, dort ein Blatt, da einen Zweig herausfischen. Am Ufer – unserem Schreibtisch – sammeln und ordnen wir es, fügen es zu einem bewusst organisierten Gebilde zusammen – zu einem *künstlichen Werk* – einem Kunstwerk, um diesen viel strapazierten Ausdruck zu verwenden.

Im Laufe des Lebens entstehen auf diesem Weg bei einem schreibaktiven Menschen hunderte, ja vielleicht sogar tausende von mal kürzeren, mal längeren Texten – von der winzigen Notiz (einer Anekdote, einem Witz, einer Idee für eine Novelle) bis hin zum kompletten Roman oder Sachbuch mit hunderten von Seiten Umfang.

Ich schreibe seit ziemlich genau einem halben Jahrhundert. Am Anfang (1953) war das ab und zu ein winziger Dialog für einen Comicstrip, den mein Freund ALFRED HERTRICH zeichnete. Es folgten kleine Exposés für die Heftserie *Jim Parkers Abenteuer im Weltraum*, die ich damals begierig verschlang, Woche für Woche so angeregt (und aufgeregt), dass in mir eigene Einfälle zu blubbern begannen, wie es mit meinem Lieblingshelden jener Tage weitergehen könnte, sollte, müsste … Zum Beispiel sollte er nach meiner Meinung unbedingt nach seinem Abenteuer auf der Venus zum nächsten Planeten fliegen, zum Mars. (Danke, Mr. George W. Bush, dass Sie das jetzt endlich verwirklichen wollen, wurde auch allmählich Zeit!)

In der Datenbank meiner eigenen Arbeiten habe ich fast 4000 Texte unterschiedlichster Art erfasst – mit Entstehungsdatum, Titel, einigen charakterisierenden Stichwörtern und einer kurzen Inhaltsangabe. Eine riesige Menge Material!

Das Procedere, mit dem sich Ordnung in dieses Chaos der Erinnerungen bringen lässt, ist einfach:
– Jeder Eintrag wird mit seinem Entstehungsdatum versehen, und schon habe ich einen – wenn auch recht einfachen – Zusammenhang hergestellt: den Verlauf des Schreibflusses.
– Mit einem zweiten Datum kann ich einen völlig anderen Zusammenhang entdecken: die Abfolge, in der diese Erlebnisse sich real ereignet haben. Diese *Zeitanker* bilden so etwas wie die Zeitachse meines Lebenslaufs.

Die Fülle bändigen

Ich schreibe in den von mir geleiteten *Creative Writing*-Seminaren immer auch selbst einen Text zum vorgeschlagenen Thema. Würde ich die Ereignisse, die beispielsweise im Verlauf eines fünftägigen Schreib-Workshops anfallen, in einem Buch in der Reihenfolge ihrer Genese aneinander hängen, so würde das Inhaltsverzeichnis logischerweise die Chronologie ihrer Entstehung widerspiegeln. Eine Auswahl nach Themenkomplexen (»Meine Kindheit«, »Mein Studium«, »Meine Psychoanalyse« ...) könnte daraus eine ganz andere Struktur machen.

Der kreative Prozess des Erinnerns springt jedoch im Fluss der Zeit mal hierhin, mal dorthin. In den vorangegangenen Tag, ins zehnte Lebensjahr oder als vorauseilende Fantasie ins nächste Jahr oder gar Jahrzehnt. Dadurch entfaltet sich naturgemäß eine völlig andere Abfolge, als wenn ich dieselben Texte anhand ihres Zeitankers ordne.

ZT I: Entstehungs-Folge der Texte im Seminar

Doch hier zunächst meine Texte und ihre (komprimierten) Inhalte, wie sie der Reihe nach entstanden sind in einem Schreibseminar, das ich Anfang Januar 2004 in Schloss Puchberg bei Wels in Österreich leitete. Ihre Kurzfassung samt den damit verbundenen Deutungen und Ereignissen (bei manchen wurden gleich zwei oder drei Einträge daraus) stelle ich in Form einer kleinen Zeittafel vor:

Die Übersicht ist folgendermaßen gegliedert: Nach *Datum* und *Uhrzeit* der Entstehung folgt in der zweiten Zeile der *Titel*, der dritte Abschnitt enthält eine *Kurzfassung des Textes*, der vierte Abschnitt enthält *meine Einfälle* (bzw. die Deutung dazu). In der abschließenden Zeile folgt das *Lebensdatum* (Zeitanker).

2004-01-12, 10.00 Uhr/1
Schöne junge Frau 1
Ich träume am Morgen, dass ich in einer Menschenmenge eine schöne junge Frau sehe, zu der es mich hinzieht. 1
Das erinnert mich an ein Mädchen namens Renate, in das ich mich als Neunjähriger verliebte.
1949

2004-01-12, 10.00 Uhr/2
Schöne junge Frau 2
(Ich träume, dass ich in einer Menschenmenge eine schöne junge Frau sehe ...) 2
Das erinnert mich außerdem an die Zeit, als ich meine zweite Frau kennen lernte.
1976 im September

2004-01-12, 15.00 Uhr
Begegnung mit Matsch
Bei einer Exkursion in den Garten um das Seminarhaus ärgere ich mich zunächst über den Matsch, in den sich der Schnee über Nacht verwandelt hat.
Doch dann erinnere ich mich, welch ein Vergnügen es in der Kindheit bereitet hat, im Matsch herumzusauen, Schlitten zu fahren, Schneebälle zu werfen ...
1946–1948

2004-01-12, 19.00 Uhr
Jammern hilft jetzt nicht
Aus unseren Vornamen entsteht ein Akronym, mit dessen neuen Wörtern ein Text gebastelt wird:
Jammern ... Umzug ... Esel ... Regen ... grau ... elegant ... Nordpol.
Das Wort »Umzug« erinnert mich an meinen (hoffentlich) letzten Wohnungswechsel vor 22 Jahren von der Zieblandstraße in die Seestraße (beide in München).
1982

2004-01-12, 19.45 Uhr/1
Die Gedankenspüle von Bodo Nymgor 1
Die Teilnehmer sollen sich ein Pseudonym ausdenken, in eine Figur dieses Namens schlüpfen und eine kleine Geschichte dazu erfinden.

Ein Wikingerjunge namens Bodo Nymgor fällt um 800 im Sturm von Bord eines Drachenboots, wird von Aliens in einem UFO gerettet (... und durch die Zeit nach 2010 transportiert).
800

2004-01-12, 19.45 Uhr/2
Die Gedankenspüle von Bodo Nymgor 2
(Die Teilnehmer sollen sich ein Pseudonym ausdenken ...) 2
(Ein Wikingerjunge namens Bodo Nymgor ...) wird durch die Zeit nach 2010 transportiert.
2010

2004-01-13, 9.05 Uhr/1
Rena Smoguri-Nothaft aus Sibirien 1
Aus den Buchstaben des eigenen Namens und Wohnorts soll ein Anagramm mit neuem Namen und Ort erfunden werden; diese fiktive Person schickt uns eine Postkarte oder E-Mail.
Bei mir wird daraus eine »Rena Smoguri-Nothaft@sibirnet.ru«. Sie stellt sich als jene Renate heraus, die meine erste Liebe war und nun in Sibirien lebt ...
Offensichtlich bin ich (angeregt durch den Traum vom Vortag) mit meinem ersten Lebensjahrzehnt beschäftigt.
1949

2004-01-13, 9.05 Uhr/2
Rena Smoguri-Nothaft aus Sibirien 2
... Bei mir wird daraus eine »Rena Smoguri-Nothaft@sibirnet.ru«.
Sie stellt sich als jene Renate heraus, die meine erste Liebe war und nun in Sibirien lebt.
Offenbar würde ich mich über eine plötzliche Kontaktaufnahme dieser »alten Liebe« immer noch freuen!
2004

2004-01-13, 10.45 Uhr
Die Persönliche Zeittafel
(Ich erläutere den Sinn von Zeittafeln und rege an, eine *Persönliche ZT* anzulegen. Ich notiere meine Gedanken dazu)
Wie ein ungeheurer Strom zieht das Leben an uns vorbei ...
(Ich entwerfe den Text für diesen Teil *meines neuen Buches.)*
2004 im Januar

2004-01-13, 15.20 Uhr/1
Das geschah im letzten Jahr 1
Wir fertigen ein Cluster an, in dem wir sammeln, was im Vorjahr Eindruck auf uns machte.
Als Erstes fällt mir der Krieg im Irak ein ...
Gedanken zum Krieg im Irak, Empörung über die Desinformation von Präsident Bush 2003.

2004-01-13, 15.20 Uhr/2
Das geschah im letzten Jahr 2
(Cluster ... Krieg im Irak ...) 2
Angeregt von einem Buch, das ich gerade gelesen hatte (s. nächster Eintrag)
... tauchen Erinnerungen aus meiner eigenen Kriegskindheit auf, aus dem zweiten (dritten?) bis fünften Lebensjahr.
1942–1945

2004-01-13, 15.20 Uhr/3
Das geschah im letzten Jahr 3
Die Teilnehmer sollen eine kleine Rezension zu einem Buch schreiben, das sie in letzter Zeit beeindruckt hat.
Mich beschäftigt noch immer Peter Heinls Buch über Kriegskinder: »Maikäfer flieg ...«
1942–1945

2004-01-13, 15.20 Uhr/4
Das geschah im letzten Jahr 4
Mein Urgroßvater väterlicherseits fällt mir ein. Ferdinand Naumann (1849–1916) war zunächst Gastwirt eines Ausflugslokals auf dem Inselsberg bei Jena, danach im Bahnhof zu Erfurt. Er war der erste *Schreiber* in der Familie.
In einem der Tagebücher, die er hinterließ, beschreibt er eine Reise ans Mittelmeer. (Ich habe den Text auf meine Website gestellt: www.iak-talente.de/Bildungsreise anno 1908)
1908

ZT II: Chronologie anhand der Lebensdaten

Nun werden die Texte umgestellt und zwar in der Reihenfolge der ihnen zugrunde liegenden Ereignisse. Eine völlig andere Abfolge entsteht, neue Zusammenhänge werden sichtbar. Muster entstehen, die mir vorher völlig entgangen waren.

Oder ich entdecke Lücken. In den 50er Jahren gibt es kein wichtiges Ereignis? Seltsam – damals kam ich doch ins Gymnasium, bald darauf starb mein Großvater, ich bekam ein eigenes Zimmer, hatte diesen scheußlichen Unfall, der mich sechs Wochen ins Krankenhaus beförderte ...

Die Übersicht ist folgendermaßen gegliedert: Nach dem *Lebensdatum* (Zeitanker) folgt in der zweiten Zeile der *Titel, d*er dritte Abschnitt enthält eine *Kurzfassung des Textes*, der vierte Abschnitt enthält *meine Einfälle* (bzw. die Deutung dazu). In der abschließenden Zeile folgen *Datum* und *Uhrzeit* der Entstehung.

800
Die Gedankenspüle von Bodo Nymgor 1
Die Teilnehmer sollen sich ein Pseudonym ausdenken, in eine Figur dieses Namens schlüpfen und eine kleine Geschichte dazu erfinden.
Ein Wikingerjunge namens Bodo Nymgor fällt um 800 im Sturm von Bord eines Drachenboots, wird von Aliens in einem UFO gerettet (... und durch die Zeit nach 2004 transportiert).
2004-01-12, 19.45 Uhr/1

1908
Das geschah im letzten Jahr 4
Mein Urgroßvater väterlicherseits fällt mir ein. Ferdinand Naumann (1849–1916) war zunächst Gastwirt eines Ausflugslokals auf dem Inselsberg bei Jena, danach im Bahnhof zu Erfurt. Er war der erste *Schreiber* in der Familie.
In einem der Tagebücher, die er hinterließ, beschreibt er eine Reise ans Mittelmeer.
2004-01-13, 15.20 Uhr/4

1942–1945
Das geschah im letzten Jahr 2
(Cluster ... Krieg im Irak ...) 2
Angeregt von einem Buch, das ich gerade gelesen hatte ... *tauchen Erinnerungen aus meiner eigenen Kriegskindheit auf, aus dem zweiten (dritten?) bis fünften Lebensjahr.*
2004-01-13, 15.20 Uhr/2

1942–1945
Das geschah im letzten Jahr 3
Die Teilnehmer sollen eine kleine Rezension zu einem Buch schreiben, das sie in letzter Zeit beeindruckt hat.
Mich beschäftigt noch immer Peter Heinls Buch über Kriegskinder: »Maikäfer flieg ...«
2004-01-13, 15.20 Uhr/3

1946–1948
Begegnung mit Matsch
Bei einer Exkursion in den Garten des Seminarhauses ärgere ich mich zunächst über den Matsch, in den sich der Schnee über Nacht verwandelt hat. *Doch dann erinnere ich mich, welch Vergnügen es in der Kindheit bereitet hat, im Matsch herumzusauen, Schlitten zu fahren, Schneebälle zu werfen ...*
2004-01-12, 15.00 Uhr

1949
Schöne junge Frau 1
Ich träume am Morgen, dass ich in einer Menschenmenge eine schöne junge Frau sehe, zu der es mich hinzieht. 1

Das erinnert mich an ein Mädchen namens Renate, in das ich mich als etwa Neunjähriger verliebte.
2004-01-12, 10.00 Uhr/1

1949
Rena Smoguri-Nothaft aus Sibirien 1
Aus den Buchstaben des eigenen Namens und Wohnorts soll ein Anagramm mit neuem Namen und Ort erfunden werden. Diese fiktive Person schickt uns eine Postkarte oder E-Mail.
(Bei mir wird daraus eine »Rena Smoguri-Nothaft@sibirnet.ru«. Sie stellt sich als jene Renate heraus, die meine erste Liebe war und nun in Sibirien lebt.)
Offensichtlich bin ich (angeregt durch den Traum vom Vortag) mit meinem ersten Lebensjahrzehnt beschäftigt.
2004-01-13, 9.05 Uhr/1

1976 im September
Schöne junge Frau 2
(Ich träume, dass ich in einer Menschenmenge eine schöne junge Frau sehe) 2
Das erinnert mich außerdem an die Zeit, als ich meine zweite Frau kennen lernte.
2004-01-12, 10.00 Uhr/2

1982
Jammern hilft jetzt nicht
Aus unseren Vornamen entsteht ein Akronym, mit dessen neuen Wörtern ein Text gebastelt wird:
Jammern ... Umzug ... Esel ... Regen ... grau ... elegant ... Nordpol
Das Wort Umzug erinnert mich an meinen (hoffentlich) letzten Wohnungswechsel vor 22 Jahren.
2004-01-12, 19.00 Uhr

2003
Das geschah im letzten Jahr 1
Wir fertigen ein Cluster an, in dem wir sammeln, was im Vorjahr Eindruck auf uns machte.
Als Erstes fällt mir der Krieg im Irak ein ...
Gedanken zum Krieg im Irak, Empörung über die Desinformationen von Präsident Bush.
2004-01-13, 15.20 Uhr/1

2004
Rena Smoguri-Nothaft aus Sibirien 2
(Aus den Buchstaben des Namens und Wohnorts soll ein Anagramm ...) Bei mir wird daraus eine »Rena Smoguri-Nothaft@sibirnet.ru«. Sie stellt sich als jene Renate heraus, die meine erste Liebe war und nun in Sibirien lebt.

*Offenbar würde ich mich über eine plötzliche Kontaktaufnahme dieser
»alten Liebe« in der Gegenwart immer noch freuen!*
2004-01-13, 9.05 Uhr/2

2004 im Januar
Die Persönliche Zeittafel
(Ich erläutere den Sinn von Zeittafeln und rege an, eine *Persönliche ZT* anzulegen. Ich notiere meine Gedanken dazu)
Wie ein ungeheurer Strom zieht das Leben an uns vorbei ...
(Ich entwerfe den Text für diesen Teil meines neuen Buches.)
2004-01-13, 10.45 Uhr

2010
Die Gedankenspüle von Bodo Nymgor 2
(Die Teilnehmer sollen sich ein Pseudonym ausdenken, in eine Figur dieses Namens schlüpfen und eine kleine Geschichte dazu erfinden.) 2
(Ein Wikingerjunge namens Bodo Nymgor ...) wird durch die Zeit nach 2010 transportiert
2004-01-12, 19.45 Uhr/2

Die »Erzählende Familienchronik«

Die *Erzählende Familienchronik* verbindet die nüchternen Daten der Verwandtschaft und des eigenen Lebens mit kleinen Momentaufnahmen von wichtigen Ereignissen dieser Menschen. Sie stellt sie in den größeren Zusammenhang der weltgeschichtlichen Geschehnisse, sofern diese – wie beispielsweise der Krieg – das Privatleben beeinflusst haben.

Ich denke, dass auch ein außenstehender Betrachter sofort erkennt, welche unterschiedlichen Aussagen diese beiden oben vorgestellten Zeittafeln als Ganzes machen. Die erste ZT wird konstelliert vom Ablauf des Seminars. Dieser ist neutral und bestimmt von den Methoden des *Creative Writing*, mit deren Hilfe sich die persönlichen Themen manifestieren.

Die Umstellung anhand meiner Lebensdaten in der zweiten ZT zeigt deutlich, wie bei mir die Kriegszeit die Texte beeinflusst. Selbst die Fantasie-Geschichte über den Wikingerjungen, der im Jahr 800 ins Meer fällt, ist eine Geschichte vom Krieg oder zumindest von einem räuberischen Überfall, zu dem dieses Drachenboot unterwegs ist!

Beim Aufschreiben war mir das überhaupt nicht bewusst, auch nicht beim Erstellen der ersten Tabelle. Aber als ich dieses Detail (scheinbar ohne Beziehung zu meinem Leben) an die oberste Stelle rückte, sprang mir der Zusammenhang sofort ins Auge. Dies hat, wie man merken wird, auch die nächste Zeittafel erheblich beeinflusst: die *Erzählende Familienchronik*.

Sie wird bestimmt von den Generationen, die dem eigenen Leben vorangingen oder ihm folgen; die eigene Existenz schrumpft darin aufs Wesentliche zusammen. Das Adjektiv »erzählend« verweist darauf, dass in dieser Art Chronik nicht nur die schlichten Lebensdaten verzeichnet werden, sondern zu jedem Detail eine kleine Geschichte. Zum besseren Überblick der folgenden Zeittafel hier die Stammlinien meiner Familie(n) drei Generationen zurück:

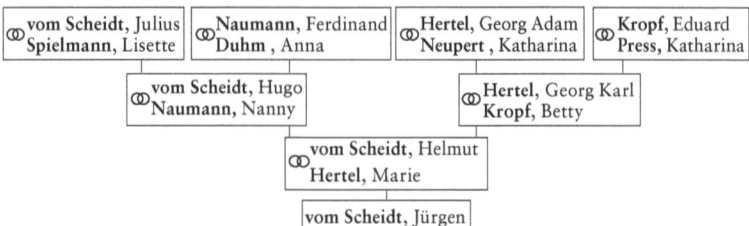

ZT III: Erzählende Familienchronik

(800)/(1000)
Familien-Ereignisse
Die Familie »vom Scheidt« gibt an, seit undenklichen Zeiten in der Gegend von Hagen ansässig zu sein.

Auskunft über die ersten hier ansässigen Familien gibt die Chronik der Abtei Werden/Ruhr[11], der die hiesige Gegend seit ungefähr 800 n. Chr. unterstanden hat; diese ist im Staatsarchiv zu Düsseldorf aufbewahrt. Eine Abschrift der betr. Stücke liegt mir vor.

In einem Abgabenverzeichnis des Sattelhofes Halvara, d.i. Halver, das um das Jahr 1000 entstanden sein wird, sind die Höfe mit ihren Abgaben angegeben. Der Bezirk des Sattelhofes Halvara ging von Witten bis vor Lüdenscheid. Eine Angabe lautet:
»Liuzo de Scethe 20 modios avenae, 6 modios braccii, 1 m. sili, 10 denaros.«
(Gutachten des Familien- und Heimatforschers PAUL JÖRGENSBAUS über die Entstehung des Familiennamens, Hagen/Westfalen, 4. April 1935. Das Gutachten ist mit Vorsicht zu genießen – die Nähe zum historischen Datum, s. unten, sollte Zweifel hervorrufen. Aber so etwas macht sich auf jeden Fall gut in einer Familienchronik – JvS.)

Weltgeschichtliche Ereignisse
(800: Karl der Große wird in Rom vom Papst zum Kaiser gekrönt.)
(1000: Kaiser Otto III. anerkennt die Unabhängigkeit Polens.
Venedig erlangt die Herrschaft über die dalmatinische Küste.
Der südindische König Rajaraja erobert Ceylon.
Die Tiahuanaco-Kultur der Inkas dehnt sich vom [peruanischen] Andenhochland bis zum Meer aus.)

ca. 1100
Familien-Ereignisse
Ältester urkundlicher Hinweis auf einen »vom Scheidt«: »Liuzo [Ludwig] de Scethe« aus einem keltischen Bauerngeschlecht besitzt im späteren Westfalen einen sehr großen »Sattelhof« – das ist ein Gut, auf dem Pferde für den örtlichen Herrscher vorgehalten und wohl auch gezüchtet werden. Seine drei Söhne haben später ähnliche Höfe in der Gegend von Wuppertal, Barmen und Hagen (wo noch im 20. Jh. ungewöhnlich viele »vom Scheidts« ansässig sind).

Weltgeschichtliche Ereignisse
Ein kleiner Weiler namens *Munichen* wird erstmals urkundlich erwähnt – als bescheidene Siedlung mit wenigen Gehöften, bewohnt von Mönchen und Bauern. (1158 wird daraus durch HEINRICH DEN LÖWEN [1142–1180] der immer wichtiger werdende Handelsknotenpunkt München an der Salzstraße.)

1530
Familien-Ereignisse
Der älteste schriftlich nachweisbare Vorfahre mütterlicherseits ist ein »Peter Hertel, geb, Rehau (?) ca. 1530, verst. Rehau (?) zwischen 1579/7 und

---
[11] heute: Essen-Werden (1929 zu Essen eingemeindet)

1587/8.«
Weltgeschichtliche Ereignisse
Die letzte Kaiserkrönung durch einen Papst findet 1530 in Bologna statt (Kaiser KARL V.). Ab da geht es mit der politischen Macht der Päpste abwärts. Die evangelischen Fürsten gründen den »Schmalkaldischen Bund« gegen den Kaiser und die katholischen Fürsten. (Der Bund wird 1547 besiegt.)

1766
Familien-Ereignisse
Älteste Familienurkunde: »*Actum Rehau d. 17. April. 1766 Erscheinet bey dem hochfürstl. Gerichts Actuariat Anna Elisabetha, weyl. Balthasar Elias Hertels hinterlassene Wittib, und zeiget geziemend an, welchergestalten sie 2 1/2 Tagwerck Feld, und 1 1/2 Tagwerck? Erbfelder? [schlecht lesbar!], am Draisendorrffer Weg am Vogel Heerd, wovon 25 gr. Johannis Zinnß abzureichen, ihrem Schwiegersohn, Meister Johann Georg Herteln, Burgern und Fleischhackern allhier um und vor [für] 65.fl.-fr. verkauffet habe, dergestalt und also, daß zu Lichtmes 1767 das Kauffs Pretium baar bezahlet werden solle.Urkundlich ist dieses dem Handlungs Protocoll inseriret und subscribendo confirmiret worden. Actum ut supra.*«
Weltgeschichtliche Ereignisse
Der englische Wirtschaftswissenschaftler THOMAS ROBERT MALTHUS (1766–1834) wird geboren. Er macht sich als Erster Gedanken über die Entwicklung des Bevölkerungswachstums und die daraus entstehenden Probleme.

1833
Familien-Ereignisse
Ururgroßvater ERHARDT KROPF wird am 13. November geboren (gest. 7. Aug. 1876). Ururgroßmutter SUSANNA MARGARETHE WINTERLING wird im selben Jahr am 2. Sep geboren (gest. 24. Jan 1915). Die beiden heiraten am 8. Juni 1856 (schwanger mit Sohn Eduard – s. u.). Der Vater von EK starb sehr früh; deshalb musste er schon als 14-Jähriger die Mutter und die (vier?) Geschwister ernähren.
Weltgeschichtliche Ereignisse
Preußen gründet den deutschen Zollverein – die Grundlage für die spätere Reichsgründung 1871 (mit OTTO VON BISMARCK als erstem Reichskanzler). FRIEDRICH LIST (1989–1846) veröffentlicht seine Studie »Über ein sächsisches Eisenbahnsystem als Grundlage eines allgemeinen deutschen Eisenbahnsystems« – Grundlage für die heutige gesamtdeutsche Bundesbahn. (Ein Jahr zuvor wird WILHELM WUNDT geboren; er stirbt 1922.)

1854
Familien-Ereignisse
Der Urgroßvater HERTEL wird in der bisherigen Familienchronik so verzeichnet: »*Hertel Georg Adam, geb. Rehau 07.07. 854 Viehhändler, zuletzt Privatier in Rehau, Gartenstr. 182 (heutige Bezeichnung: Garten-*

str. 1), *verst. Rehau, Bahnhofstr.* 15, *am* 16. 02. 1929, *war herzleidend,* ⚭ *Katharina (Trina), geb. Neupert, geb. Pilgramsreuth am* 18. 08. 1859, *Ökonomentochter verst. am* 18. 01. 1886 *in Rehau, Gartenstr.* 182, *begraben Rehau (Familiengrabstätte Nr.* 5*).*« Was nur mündlich überliefert ist: GEORG ADAM H. verdiente sein Geld zum Teil mit dem Paschen (Schmuggeln) von Schweinen über die böhmische Grenze. Wie viele solvente Rehauer beteiligte er sich in den Gründerjahren an der damals im Ort aufblühenden Industrie (Porzellan, Leder, Maschinenbau). Insgesamt war er so erfolgreich, dass er sich schon etwa mit 50 zur Ruhe setzen konnte. Seine beiden Frauen waren Schwestern, beide starben sehr früh, und mein Großvater KARL HERTEL wuchs als Halbwaise auf; die Schwiegermutter NEUPERT war sehr resolut und holte nach dem Tod der zweiten Tochter »das Sach« (die Aussteuer) wieder in den Bauernhof zu Pilgramsreuth zurück.

Weltgeschichtliche Ereignisse
Der deutsche Bundestag erlässt ein allgemeines Koalitionsverbot aller Arbeitervereine.
Gründung der Republikanischen Partei in den USA – mit Programm gegen die Sklaverei.
Die westlichen (»weißen«) Mächte erzwingen von Japan die Öffnung seiner Grenzen für ausländische Händler und Forscher.

1856
Familien-Ereignisse
Urgroßvater (JOHANN) EDUARD KROPF wird am 26. Januar in Rehau geboren (gest. 29. Okt. 1921 daselbst). Er ist von Beruf Baumeister – »sehr beliebt und tüchtig«. Sein Rat wird geschätzt; eine Zeit lang ist er Mitglied im Stadtrat von Rehau. Ein echter »Honoratior«: Wenn er mit der Bahn verreist, wartet der Zug im Bahnhof auf ihn. Er ist sehr beleibt, trinkt gerne Bier.
Weltgeschichtliche Ereignisse
Ende des Krimkriegs im Frieden von Paris. Der Balkan wird ab da zum Spannungsfeld zwischen Russland und Österreich – eine wichtige Ursache für den Ausbruch des Ersten Weltkriegs 1914. Grundsätze des internationalen Seerechts werden aufgestellt. Sigmund Freud wird am 6. Mai geboren.

1907
Familien-Ereignisse
Am 1. März Geburt meines Vaters HELMUT (gest. 1994) in Hagen/Westfalen als viertes von vier Kindern des HUGO VOM SCHEIDT (ehemals Besitzer einer Sägenschleiferei) und der NANNI NAUMANN.
Weltgeschichtliche Ereignisse
LENIN flieht aus Russland; STALIN überfällt zugunsten der bolschewistischen Parteikasse einen Geldtransport der russischen Staatsbank.

1908
Familien-Ereignisse
FERDINAND NAUMANN (1849–1916), mein Urgroßvater väterlicherseits, war zunächst Gastwirt eines Ausflugslokals auf dem Inselsberg bei Jena, danach

im Bahnhof zu Erfurt. Er war der erste *Schreiber* in der Familie. In einem der Tagebücher, die er hinterlassen hat und die glücklicherweise erhalten sind, beschreibt er eine Reise im Sommer 1908 ans Mittelmeer. (Ich habe den Text auf meiner Website veröffentlicht: *www.iak-talente.de/Bildungsreise anno* 1908)
Weltgeschichtliche Ereignisse
Die Doppelmonarchie Österreich-Ungarn annektiert Bosnien und Herzegowina.
Revolution in der Türkei.
Zionisten gründen in Palästina die Stadt Tel Aviv.
Kreta und Griechenland beschließen Vereinigung (wird 1913 vollzogen).

1914
Familien-Ereignisse
Am 19. Februar Geburt meiner Mutter MARIE(gest. 1973) in Rehau/Obfr.
Als drittes von drei Kindern des KARL HERTEL (1879–1952)(Diplomingenieur, Architekt und Bauunternehmer) und seiner Frau BETTY KROPF (1880 bis 1941).
Der Großvater zieht als Major in den Krieg gegen Frankreich (die meiste Zeit bei Douaumont nahe Verdun stationiert).
Mein Vater ist sieben Jahre alt. Er ist zu Hause und in der Schule so ungebärdig, dass seine verzweifelten Eltern ihn zu seinem Großvater FERDINAND NAUMANN (der inzwischen Pächter des Restaurants im Bahnhof von Erfurt ist) und dessen Frau ANNA in Obhut geben. Er war ein sehr sensibles Kind – ob der Ausbruch des Krieges mit seiner ungeheuren umfassenden Unruhe zu seiner »Ungebärdigkeit« beigetragen hat?
Weltgeschichtliche Ereignisse
Am 1. August Beginn des Ersten Weltkriegs: Deutschland überfällt Belgien und Frankreich.

1921
Familien-Ereignisse
LEO SPELSBERG (Lebensdaten unbekannt), ein älterer Cousin meines Vaters, stellt diesem zur Konfirmation das Horoskop und prophezeit ihm, er werde eine Weltreise machen (was zu diesem Zeitpunkt aus finanziellen Gründen völlig absurd ist – denn die Familie meines Vaters war arm, sein Vater war nach einem Konkurs ca. 1920 zum Sozialhilfeempfänger geworden).
Weltgeschichtliche Ereignisse
Erstes Auftreten der SA als bewaffneter Arm der NSDAP.

1925 (?)
Familien-Ereignisse
Mein Großonkel ERICH NAUMANN (1871–1937) wird Pächter der Hauptbahnhof-Gaststätten in Leipzig. (Zuvor hatte er vom Vater den Bahnhof Erfurt übernommen.) Er ist sehr wohlhabend und finanziert das Wirtschaftsstudium meines Vaters.
Weltgeschichtliche Ereignisse
ADOLF HITLER gründet die NSDAP neu.

Die SS (Schutzstaffel) wird aus der SA als eigene Abteilung herausgenommen und ersetzt bald darauf die SA.

1929
Familien-Ereignisse
Börsenverluste zwingen Onkel ERICH N., das Stipendium meines Vaters auszusetzen. Mein Vater bricht das Studium ab und heuert auf dem Luxusdampfer *Columbus* als Steward an. Infolge des Börsenkrachs stornieren zwei Drittel der Passagiere die Kreuzfahrt; die Mannschaft hat entsprechend viel freie Zeit, und mein Vater kommt zu einer interessanten Weltreise, die ihn nach Bombay, an die chinesische Mauer und zu anderen Sehenswürdigkeiten führt. Die Prophezeiung seines Cousins LEO von 1921 bewahrheitet sich.
Weltgeschichtliche Ereignisse
»Schwarzer Freitag« und Börsenkrach in den USA.

1932 (?)
Familien-Ereignisse
Nach Abschluss des Lyzeums in Hof arbeitet meine Mutter eine Zeit lang in einer Hamburger Familie als Aupair-Mädchen.
Weltgeschichtliche Ereignisse
Verbot von SA und SS. Die Landtagswahl in Preußen bringt der NSDAP große Gewinne und erschüttert die konservative Regierung.

1935 (?)
Familien-Ereignisse
LEO SPELSBERG kommt wegen angeblicher Schizophrenie in eine Heilanstalt. Er stellt HITLER das Horoskop und fordert ihn wegen der schlechten Prognose zum Rücktritt auf. Daraufhin holt ihn die Gestapo und ermordet ihn im Gefängnis.
Weltgeschichtliche Ereignisse
Das nach dem Ersten Weltkrieg von Frankreich annektierte Saarland kommt nach einer Abstimmung »zurück ins Reich«.

1936
Familien-Ereignisse
Mein Vater heuert als Steward und Sportlehrer auf dem Luxus-Liner *Bremen* an und legt viele Male die Route Bremerhaven–New York zurück. Als begeisterter Anhänger HITLERS »holt« er mit seinem Freund BIEDERMANN die gesamte Mannschaft in die *braune* Gewerkschaft. RUDOLF HESS besucht die Bremen und lässt sich mit der Mannschaft fotografieren.
Mein Vater und [?] BIEDERMANN hissen, nach eigenem Bekunden, vor dem deutschen Konsulat in New York »die erste Hakenkreuzflagge in Amerika«.
Weltgeschichtliche Ereignisse
Einmarsch deutscher Truppen in das entmilitarisierte Rheinland. Eine Abstimmung über die Remilitarisierung ergibt angeblich 99 % Ja-Stimmen. Zunehmende Unterdrückung aller oppositionellen Kräfte in Deutschland durch die NSDAP und ihre Gliederungen, vor allem durch die Gestapo.

1937
Familien-Ereignisse
Als ERICH NAUMANN stirbt, will sein Sohn ACHIM Nachfolger als Pächter werden. Die Reichsbahn verweigert dies zunächst wegen seiner Spielsucht. Er tritt in die SS ein, macht Druck über die NSDAP und bekommt den lukrativen Vertrag bis Kriegsende. – Mein Vater und meine Mutter lernen sich in Riezlern beim Schifahren kennen. Weil in der Pension (welche die Schwester ELISABETH meiner Mutter betreibt) kein Zimmer mehr frei ist, nächtigt mein Vater im Badezimmer – so kommt er zum Spitznamen »Badewannenmann«.
Weltgeschichtliche Ereignisse
HITLER, seit 1933 Reichskanzler, hat Deutschland fest im Griff der NSDAP, der SA und der SS.

1938
Familien-Ereignisse
Hochzeit meiner Eltern am 2. Juli im Gohliser Schlösschen bei Leipzig. Die Trauung vollzieht der PG (Parteigenosse) Bürgermeister HAAKE.
Die Eltern beziehen die Wohnung Wangerooger Weg 3 in Leipzig.
Mein Vater bekommt bei seinem Cousin ACHIM NAUMANN eine Stellung als Geschäftsführer in den Hauptbahnhofgaststätten.
Weltgeschichtliche Ereignisse
Am 12. März marschieren deutsche Truppen in Österreich ein. Am 1. Okt. annektiert HITLER das Sudetenland.
Ab 9. November organisierte Ausschreitungen gegen die Juden (»Reichspogromnacht«).

1939
Familien-Ereignisse
Mein Vater wird im Sommer zur Wehrmacht eingezogen.
Weltgeschichtliche Ereignisse
HITLER bereitet den Angriffskrieg gegen Polen vor. Am 1. September beginnt er ihn.

1940
Familien-Ereignisse
Am 7. Februar komme ich in Leipzig zur Welt. Drei Wochen später sieht mich mein Vater (der irgendwo in Holland als Soldat stationiert ist und beinahe in einem Granatrichter ertrunken wäre).
Weltgeschichtliche Ereignisse
An allen Fronten entfaltet sich mit Wucht der Zweite Weltkrieg.
Am 29. Oktober landen britische Einheiten auf Kreta.

1941
Familien-Ereignisse
Während ich im Wangerooger Weg 3 aufwachse, wird mein Vater in der zweiten Jahreshälfte nach Kreta verlegt. Aufgrund seiner Sprachenkenntnisse hat er dort die Funktion eines Sprachlehrers für die deutschen Truppen.

Mein Großvater KARL HERTEL SEN. meldet sich freiwillig (!) noch einmal zu den Truppen und wird in Russland eingesetzt. Der eigentliche Grund ist allerdings nicht Loyalität zu HITLERS Angriffskrieg, sondern das grausame Sterben seiner krebskranken Frau BETTY, meiner Großmutter, das er nicht erträgt. Er hat die Nazis schon immer verabscheut, war aber sehr deutschnational. (Für meinen Vater ist der Fall von Stalingrad das Ende seiner Hitlerbegeisterung; er wird nach dem Krieg SPD wählen.)
Weltgeschichtliche Ereignisse
Ab 9. Januar werden die Juden zum Tragen des »gelben Sterns« gezwungen. Der Holocaust beginnt.
Am 20. Mai beginnen deutsche See- und Luftstreitkräfte mit dem Überfall auf Kreta.

1942
Familien-Ereignisse
Erste Bombenangriffe auf Leipzig Ende des Jahres veranlassen meine Mutter, in ihren Heimatort Rehau zurückzukehren.
Weltgeschichtliche Ereignisse
Der Krieg eskaliert an allen Fronten. Beginn der systematischen Ermordung der Juden in den Vernichtungslagern der SS.

1943
Familien-Ereignisse
Cousin HEINZ HERTEL, mein erster Spielgefährte, stirbt kurz nach der Sylvesternacht. Sein Vater (KARL HERTEL JUN.) bekommt für die Beerdigung Heimaturlaub; das rettet ihm das Leben, denn als er an die Front zurückkehrt, ist sein Regiment durch russische Angriffe nahezu ausgelöscht.
Mein Vater bekommt im Frühjahr Heimaturlaub von Kreta – zum ersten Mal (ich bin drei Jahre alt) begegnen wir uns im *Jägerhof*. Meine Schwester ULRIKE wird gezeugt.
Dieser Gutshof wird von meinem Großvater HUGO VOM SCHEIDT verwaltet. Er gehört Patenonkel ACHIM NAUMANN, der ihn SS-Offizieren »zur Erholung« zur Verfügung stellt.
Großvater HERTEL bringt mir bei seiner Rückkehr aus Russland zungenbrecherische Städtenamen wie »Dnjepropetrowsk« und »Konstantinopel« bei.
Weltgeschichtliche Ereignisse
Die Rückeroberung von Stalingrad durch russische Truppen markiert die Wende im Russlandkrieg und im Zweiten Weltkrieg überhaupt.

1944
Familien-Ereignisse
Meine Schwester ULRIKE kommt im Februar zur Welt. Sie wird später Pädagogik studieren und Lehrerin werden.
Bei einem Angriff englischer Flugzeuge auf die deutschen Stellungen in Kreta explodiert im Hafen von Heraklion ein Munitionsschiff. Eines der durch die Luft geschleuderten Trümmer bohrt sich im Zimmer meines Vaters über

seinem Bett in die Wand; er ist zu seinem Glück gerade nicht anwesend. Bei einer nächtlichen Übungsfahrt nahe Athen stößt das verdunkelte Lastauto, auf dem mein Vater mit anderen Soldaten sitzt, auf einem Bahnübergang gegen einen ebenfalls verdunkelten Zug. Mein Vater wird vom LKW auf einen Acker geschleudert und am Rücken verletzt; er ist einer der wenigen Überlebenden.
Weltgeschichtliche Ereignisse
Die Alliierten drängen die deutschen Truppen an allen Fronten zurück.

1945
Familien-Ereignisse
(Meine spätere erste Frau ELKE [KAMPER] wird im März in Krefeld geboren.)
Anfang Mai will die SS noch wenige Meter von unserem Haus in Rehau entfernt eine Brücke sprengen; wie durch ein Wunder unterbleibt dieser Wahnsinn.
Die anrückenden amerikanischen Truppen zerschießen die Roth'sche Fabrik – der einzige äußerliche Kriegsschaden in Rehau (mein Großvater baut sie bald darauf wieder auf).
Zwei GIs dringen Mitte Mai mit entsichertem Gewehr in den Keller ein, wo alle sich zitternd versammelt haben. Der Krieg ist zu Ende.
Irgendwann im September ertönt nachts hinter dem Haus ein Pfiff. Mein Vater ist aus einem amerikanischen Gefangenenlager geflohen. Ich habe endlich einen Vater.
Vaters Freund BIEDERMANN nützt seine Kenntnisse der *braunen* Gewerkschaft, Abt. Seefahrt, und flüchtet mit drei Fischdampfern von Bremerhaven nach Argentinien, schlägt sich von dort nach Chile durch. And lived happily ever after.
Weltgeschichtliche Ereignisse
Leipzig, München, Hamburg, Dresden, Nürnberg und viele andere deutsche Städte sind durch den Bombenkrieg zerstört, manche wie Würzburg zu mehr als 50 Prozent. Zehn Millionen Flüchtlinge müssen im Westen versorgt und integriert werden – an die zwei Millionen haben Flucht und Vertreibung nicht überlebt.
Die Schrecken, welche die deutschen Truppen unter HITLERS Befehl seit 1939 in die angrenzenden Länder getragen haben, sind mit ungeheurer Wucht zurückgekommen.
Selbstmord HITLERS in Berlin. Kapitulation Deutschlands am 9. Mai und Kriegsende.

1946
Familien-Ereignisse
Ich komme in die Schule. Jedes Kind muss Kohlen zum Heizen mitbringen. Es gibt Schulspeisung. Care-Pakete lindern die Not ein wenig. In den Klassen ein ständiges Kommen und Gehen von Flüchtlingskindern. Unendlich viel Elend ...
(Meine spätere zweite Frau RUTH [ZENHÄUSERN] wird im November in der Schweiz geboren.)

Weltgeschichtliche Ereignisse
Die Nachkriegszeit beginnt. Sie bringt für viele Menschen neue Schrecken: Hungersnot, Vergewaltigungen. Mehr als zwei Millionen deutsche Soldaten müssen als Kriegsgefangene in sowjetischen Lagern Zwangsarbeit verrichten, 1,8 Millionen in französischen und belgischen Kohlebergwerken; Hunderttausende verhungern oder sterben an Entkräftung in Sibirien und anderswo.

1947
Familien-Ereignisse
Mein Vater findet dank seiner Sprachkenntnisse eine Stelle als Kellner im britischen Offizierskasino (vorher und nachher: Kurhaus) von Kampen. Die übrige Familie bleibt in Rehau. Aber im Sommer sind wir drei Monate auf Sylt, und ich gehe dort sogar sechs Wochen in die Schule. Der schönste Sommer meines Lebens.
Weltgeschichtliche Ereignisse
Die Reparationsforderungen der Alliierten an das besiegte Deutschland werden mit 50 Milliarden Dollar beziffert; die Hälfte davon soll die UdSSR erhalten. Man hat aus dem Debakel des Ersten Weltkriegs gelernt und ist moderater in den Forderungen – was sich als segensreich erweisen wird.

1948
Familien-Ereignisse
Mein Vater findet eine neue Stelle als Kellner im *Casa Carrioca* in Garmisch, wo sich amerikanische Soldaten bei Dancing und Eisrevue erholen. Die übrige Familie bleibt wieder in Rehau; nur der Sommer kann wieder gemeinsam verbracht werden. (Bei dieser Gelegenheit wird mein Bruder STEFAN gezeugt.)
Weltgeschichtliche Ereignisse
Die Währungsreform in Westdeutschland begründet die allmähliche wirtschaftliche Erholung und das Wirtschaftswunder der 50er Jahre.
Bodenreform mit Enteignung vieler Grundbesitzer und Durchsetzung der kommunistischen Ideologie sowie die totale Demontage vieler Industrieunternehmen und Abtransport der Maschinen in die UdSSR führen Ostdeutschland wirtschaftlich immer mehr ins Abseits.

1949
Familien-Ereignisse
Im Mai kommt mein Bruder STEFAN zur Welt. Er wird später wie ich Psychologie studieren und Psychotherapeut werden.
Weltgeschichtliche Ereignisse
Die Blockade Berlins (am 24. Juni 1948 von der Sowjetunion begonnen) wird am 12. Mai wieder beendet. Mehr als 100 000 Flüge versorgen die Stadt aus der Luft mit dem Notwendigsten.

1962
Familien-Ereignisse
Nach zwei falschen Anläufen mit Mathematik/Physik und Jura entschließe

ich mich, Psychologie zu studieren. Im Nachhinein (aus der Sicht des Jahres 2004) kommt mir das nicht zuletzt wie eine unbewusste Entscheidung vor, den »alten Unrat« früherer Generationen wenigstens ein Stück weit aufzuarbeiten. Verdammt anstrengend!
Weltgeschichtliche Ereignisse
Im Februar beenden Frankreich und Algerien den Kolonialkrieg, und Algerien wird unabhängig.

Im Mai beginnt, was ab 1965 allmählich zum Vietnam-Krieg eskaliert: Vietkong-Truppen greifen Südvietnam an.
Im Oktober wird Deutschland von der *Spiegel*-Affäre erschüttert.

Im Oktober wäre um ein Haar der Dritte Weltkrieg mit Atomwaffen ausgebrochen – wenn nicht die KENNEDY-Brüder so vernünftig gewesen wären (und ihr sowjetischer Gegenspieler CHRUSCHTSCHOW mitgespielt hätte). Der Lohn: Beide werden bald darauf ermordet.

1971
Familien-Ereignisse
GREGOR, mein erstes Kind, wird im März geboren.
Weltgeschichtliche Ereignisse
Der Krieg, den die USA in Vietnam führen, eskaliert zunehmend. Am Ende hat er 50000 Amerikanern das Leben gekostet und ein Vielfaches an Toten bei den anderen Kriegsparteien; vor allem das vietnamesische Volk leidet unter entsetzlichen Verlusten.

1973
Familien-Ereignisse
MAURUS, mein zweites Kind wird im Mai geboren.
Weltgeschichtliche Ereignisse
Die USA ziehen sich aus Vietnam zurück. Der Krieg geht allerdings zwischen dem Nord- und dem Südteil des Landes weiter – einer der vielen Stellvertreterkriege zwischen dem Westen und dem Ostblock, die erst mit dem Zusammenbruch der Sowjetunion und der Wiedervereinigung Deutschlands 1989 enden.

1981
Familien-Ereignisse
JONAS, mein drittes Kind wird im Dezember geboren.
Weltgeschichtliche Ereignisse
»Die globale Situation der Erde ist durch dramatisches Wettrüsten gekennzeichnet, dem eine anwachsende Friedensbewegung vor allem der Jugend gegenübersteht.« (Stein, *Kulturfahrplan* 1993, S. 1552)

1989
Familien-Ereignisse
Keine besonderen Vorkommnisse ...

Weltgeschichtliche Ereignisse
Kanzler HELMUT KOHL nützt die Chance, welche die neue politische Konstellation mit MICHAIL GORBATSCHOW als Führer der Sowjetunion bietet: Deutschland wird im Oktober wiedervereinigt, weil alle früheren Kriegsgegner ein Einsehen haben und die politische Vernunft endlich den Kalten Krieg und die Atomkriegsdrohung seit drei Jahrzehnten überwindet.

1990
Familien-Ereignisse
Im Mai nehme ich an einem Schreibseminar in Leipzig teil, zu dem das ehemalige »Institut für Literatur Johannes R. Becher« eingeladen hat. Eine sehr gute und informationsreiche Erfahrung. Vor allem aber: Ich bin zum ersten Mal seit 1943 wieder in meiner Geburtsstadt. Ich wusste all die Jahre davor gar nicht, wie wichtig sie mir immer war.
Weltgeschichtliche Ereignisse
Ost- und Westdeutschland sind tatsächlich wiedervereinigt, was ein Teil der Politiker immer gefordert hatte – die meisten aber aus guten Vernunftgründen längst abgeschrieben hatten. Ohne einen einzigen Schuss, ohne einen einzigen Toten. Ein unglaubliches Novum in der Weltgeschichte.
Die kommenden Jahre werden zeigen, dass sich alles viel schwieriger gestalten als befürchtet. Aber es wird ...

2003
Familien-Ereignisse
Mein Buch *Das Drama der Hochbegabten* wird im November fertig. Ungefähr acht Jahre habe ich daran gearbeitet.
Als Ergänzung schreibe ich gleich anschließend *das Buch, das Sie nun in Händen halten und gerade lesen. Danke!*
Weltgeschichtliche Ereignisse
Im März beginnt der Angriffskrieg der USA und Englands gegen den Irak. Empörung über die Desinformation von Präsident BUSH. Das Schreckensregime des SADDAM HUSSEIN kann zwar besiegt und der Diktator am 13. Dezember gefangen genommen werden; aber das Land wird total destabilisiert und Terroranschläge eskalieren – überall auf der Welt.

Die Handlungsstruktur eines Romans organisieren

Ein Roman besteht aus mehreren Ebenen, die auf komplexe Weise ineinander verwoben sind. Vor allem die Entwicklung der Personen und des zeitgeschichtlichen Hintergrunds (der für Lokal- und Zeitkolorit sorgt) sollten beachtet werden. Damit man den Überblick behält, empfiehlt sich auch hierbei das Anlegen einer vergleichenden Zeittafel.

Ende Januar 2004 nahm ich an einem Seminar der Bundesakademie in Wolfenbüttel teil. »Unendliche Weiten – Mission Neuland« lautete das Thema. Es ging darum, wie man in der Science Fiction »Welten baut«.

Als Vorgabe boten die beiden Leiter des Seminars, Erfolgsautor ANDREAS ESCHBACH (*Das Jesus-Video*, *Eine Billion Dollar*, *Exponentialdrift*) und KLAUS N. FRICK (Redakteur der *Perry Rhodan*-Serie) einen kurzen Text, aus dem die Teilnehmer zunächst eine eigene Fantasie-Welt entwickeln sollten.[12]

Der zweite Teil der Aufgabe bestand darin, von dieser vorgegebenen Szene aus weiterzuschreiben und die Geschichte zu gestalten, zum Beispiel als Anfang eines Romans.

Ich notierte mir zunächst in der Vorgabe (s. rechte Seite) meine eigenen Einfälle. Dann entwickelte ich daraus den möglichen Ablauf der Handlung in Form einer Zeittafel. Das ging sehr zügig und dauerte in der Rohfassung kaum eine Stunde.

Da ich bei diesem Exposé parallel noch mit den letzten Arbeiten (Register) am *Drama der Hochbegabten* beschäftigt war, ergab sich wie von allein, dass dieses Thema in das *Geheimnis des Leoniden* mit einfloss. Das entsprang keiner bewussten Entscheidung; aber als die Tabelle fertig vor mir lag, wurde mir klar, dass alle wichtigen Figuren Hoch- beziehungsweise Höchstbegabte sind: Ricky Dahl alias Jo von der Kante, seine Geliebte Rosa Leary, sein Vater Thai Dahl (Nobelpreisträger und Professor für Physik) und dessen Lebensgefährtin und ebenfalls Nobelpreisträgerin Dame Dr. Brenda Tokaja (deren Visitenkarte würde ich gerne haben ...). Dazu der soziopathische Bösewicht und Gegenspieler Enio Santander-Lopez – von den außerirdischen Intelligenzen der fremden Galaktischen Zivilisation ganz zu schweigen, die den *Leoniden* auf die Reise zur Erde geschickt haben ...

Das ist jedoch nicht nur ein Ergebnis meiner persönlichen Faszi-

---

[12] Ich danke ANDREAS ESCHBACH und KLAUS N. FRICK für die Erlaubnis, ihren Text hier abzudrucken.

nation von diesem Thema – es ist auch typisch für die ganze Science Fiction. *Science* heißt bekanntlich Wissenschaft – und welcher Wissenschaftler wäre es denn wert, in einer Kurzgeschichte oder einem Roman eine Rolle zu spielen, wenn er nicht ein Genie ist wie Dr. Viktor Frankenstein oder Dr. Seltsam, mit skurrilen bis bizarren Eigenarten und natürlich auch Urheber großer Taten beziehungsweise Untaten!

(Eine Rückmeldung aus dem Wolfenbütteler Seminar machte mich darauf aufmerksam, angesichts so vieler Extremtalente doch als Kontrastfigur einen ganz normalen und normalbegabten Menschen einzuführen – der vielleicht am Ende gerade durch sein Normalsein die Wende im Geschehen bringt. Sollte ich diesen Roman jemals wirklich schreiben: Vielleicht ist ja diese *Rosa Leary* dafür geeignet?)

Die Vorgabe (von Andreas Eschbach und Klaus N. Frick)[13]

1   Leonide
Das Feld, das sich bis zum Horizont erstreckte, hatte die Farbe rostenden Eisens. Es leuchtete im warmen Glanz der untergehenden Sonne, der selbst die baufällige Kaschemme am unteren Ende der

2   Ringbahn (im Volksmund »Ringelspiel« genannt)
Ringbahn verzauberte. Irgendwo bellte ein Hund, als Jo die Tür aufstieß, und der ewige Wind pfiff leise in den

3   Leonidische Adern
mächtigen Kabeln wie immer.

4   Gaston Bois (Gastwirt und Agent des Goldenen Drachen)
»Hallo, Jo«, sagte Bois hinter der Theke. Außer ihm war nur

5   Rosa Leary (verstummte Künstlerin)
Rosa da, an dem Platz, an dem sie immer saß.

6   Ricky Dahl alias Jo von der Kante alias Theton
»Hallo«, sagte Jo und setzte sich in die Nische mit den

7   Kretische Augen oder Leones
Steinen, die aussahen wie eingemauerte Augen.
  Bois trocknete Gläser ab. »Habe dich nicht erwartet um diese Zeit.«

[13] Der Text in normaler Schrift ist die originale Vorgabe. Darüber – mit Nummer versehen und in kleinerer Schrift – mein Einfall. Diesen brachte ich dann an passender Stelle in der anschließenden Zeittafel unter.

8   Das Eindringen des Siebenten Teams in den Leoniden
»Morgen geht es hinauf«, sagte Jo. »Verstehst Du? Es ist soweit, endlich. Ich, Jo von der Kante, dem keiner je was zugetraut hat – ich geh hinauf.«
   Rosa starrte vor sich hin, als hätte sie kein Wort gehört.
   »Glückwunsch«, sagte Bois und hörte auf, die Gläser abzutrocknen. »Ich nehme an, das willst du feiern.«
   »Wie ich es immer gesagt habe.«

9   Glimmer (auch Xytr)
Bois langte nach einer Flasche, die halb voll war mit etwas, das schwarz war wie die Nacht, aber geheimnisvoll zu glimmen begann in den drei Schwenkern, die er daraus füllte. »Klug von dir, so früh am Abend zu kommen.« Er schob Rosa ein Glas hin, nahm die beiden anderen mit hinüber zu Jo und setzte sich ihm gegenüber. »Glückwunsch, Jo von der Kante.«

10   Rosa hat eine Vision und beschließt, Jo in den Leoniden zu folgen
Rosa hob das Glas an ihre Lippen, automatisch, doch als sie daran roch, wurden ihre Augen plötzlich zu schmalen Schlitzen, hinter denen es wetterleuchtete wie von einem Gewitter, aus dem jeden Moment der erste Blitz hervorbrechen musste.

Zeittafel zu »Das Geheimnis des Leoniden«

Wie schon oben im Beispiel der *Familienchronik*, verteile ich auch hier im Romanentwurf die Ereignisse auf zwei Rubriken = Ebenen: eine persönliche und eine übergeordnete, in der politische, wirtschaftliche und andere globale Geschehnisse verzeichnet sind, welche den geplanten Verlauf der Handlung beeinflussen. Dieses Nebeneinander soll den Blick schärfen für die möglichen gegenseitigen Wechselwirkungen.

2023
Ereignis auf der Personen-Ebene
Ricky Dahl wird am 14. März als Sohn von Dr. Thai Dahl und seiner Frau Vonda in Washington geboren.
Ereignis auf der (fiktiven) historischen Ebene
Im November taucht – lange verdeckt durch den als *Leoniden* bezeichneten Meteoritenschwarm des Kometen Temple-Tuttle – aus dem Sternbild Löwe ein gigantischer Meteorit auf. Weil er auf Kollisionskurs mit der Erde ist, entschließt sich das Berater-Team der US-Regierung unter Leitung von Dr. Thai Dahl, den gefährlichen Brocken zu zerstören. Die Zerstörung gelingt einer Maschine der Space Force – aber ein Teil des Meteoriten stürzt am 13. November über Kreta ab. Da dieser Absturz ungewöhnlich langsam und wie kontrolliert erfolgt, entsteht der Verdacht, es könnte sich um ein Artefakt einer außerirdischen Zivilisation handeln.

2025
Ereignis auf der Personen-Ebene
Vonda Dahl, eine Frau mit höchst ungebärdigem Naturell, macht bei den *Special Forces* der britischen Regierung eine Ausbildung zum Special Agent. Diese vielseitigen Frauen und Männer werden zur Bekämpfung des internationalen Terrors eingesetzt und unterstehen direkt dem Premierminister. Die Öffentlichkeit weiß nichts von dieser Einheit, nur ein spezieller parlamentarischer Ausschuss ist über die Existenz dieser Truppe informiert, wenn auch nicht über Details ihrer Arbeit. Ihr geheimer Job entfremdet sie zunehmend ihrem Mann und ihrem Sohn – wie sich allmählich während einer Psychoanalyse herausstellt, ging sie ihre Ehe unter Voraussetzungen ein, die sich total verändert haben.
Ereignis auf der (fiktiven) historischen Ebene
Dieser Verdacht verdichtet sich und wird zur Gewissheit, als sich bald darauf an der Absturzstelle eine metallische Konstruktion zu formen beginnt, die Teile Kretas mit einer hermetischen, rostfarbenen Schicht abschirmt, über die sich dicke Leitungen (*leonidische Adern* genannt) schlängeln, deren Bedeutung niemand zu enträtseln vermag. –
Der Terrorismus hat auf der ganzen Welt in dem Maß zugenommen, in dem die Kriege eingedämmt wurden – er ersetzte diese gewissermaßen.

Das ist höchst gefährlich, weil es keine Regierungen und Völker mehr gibt, die man beeinflussen könnte – und weil einige der Terrorgruppen wahrscheinlich über MiniNukes (kleine Kernwaffen) verfügen.

2026
Ereignis auf der Personen-Ebene
Papst Alexander Paulus (früher Kardinal von Brasilia) wird von fanatischen christlichen Fundamentalisten ermordet, weil er erklärt, dass »vom Himmel nichts Böses herabsteigen könne«, und eine positive Einstellung zum Leoniden befürwortet. Sein Tod führt dazu, dass die Vernunft siegt und man beschließt, abzuwarten, zu beobachten und zu forschen – »denn etwas anderes können wir ohnehin nicht tun«, wie der Generalsekretär der UNO betont.
Ereignis auf der (fiktiven) historischen Ebene
Die Menschheit steht ein ganzes Jahr unter dem ungeheuren Schock, den das Artefakt und die Möglichkeit überlegener außerirdischer Lebewesen verursachen. Der Streit, ob es sich um bösartige Aliens handelt, welche die Menschheit unterjochen oder zerstören wollen, oder um gutartige, freundlich gesinnte Intelligenzen, führt beinahe zum Krieg zwischen den USA (die ersterer Ansicht zuneigen) und dem Rest der Menschheit. Es kommt jedoch allmählich zu einer besonnenen Einstellung (welche allerdings von fundamentalistischen Kreisen aller Hochreligionen als Auswirkungen des Artefakts buchstäblich verteufelt werden).

2027
Ereignis auf der Personen-Ebene
Ab Januar entsteht unter Leitung von Thai Dahl eine Forschungsstation mit internationaler Besetzung, die das Rätsel des Objekts zu lösen versucht, welches in den Medien wie in der wissenschaftlichen Literatur als *Leonide* bezeichnet wird.
Dahl baut sein Team auf, das erste in einer Reihe von insgesamt sieben Beobachtungs-Stationen, die nach und nach auf Kreta entstehen.
Ereignis auf der (fiktiven) historischen Ebene
Im Februar verwandelt ein Erdbeben in Kalifornien die USA in eine Macht zweiter Ordnung; Europa, Indien und China sind dadurch zusammen mit dem Asiatischen Staatenbund über Nacht die führenden Mächte der Erde.
Dies nährt die paranoiden Vorstellungen vieler Menschen nicht nur in den USA, dass es sich um Einwirkungen des Leoniden handle und er den *Antichristen* der Apokalypse ankünde – oder es sogar schon selbst sei.

2028
Ereignis auf der Personen-Ebene
Rosa Leary etabliert sich in London als Künstlerin. Ihre Spezialität waren ursprünglich *Land Art*-Projekte, bei denen sie natürliche Objekte (Bäume, Felsen) kunstvoll umgestaltete, ohne sie zu zerstören.
Seit der Leonide auf Kreta gelandet ist und die Welt beschäftigt, entwirft und baut sie wie eine Besessene nur noch Labyrinthe und Irrgärten.

(Was niemand weiß: Sie ist in ihrem zweiten Beruf, den sie mit der *Künstlerin* geschickt tarnt, Privatdetektivin im Auftrag einer Organisation, die sich die Neutralisierung soziopathischer Hochbegabter überall auf der Welt zum Ziel gesetzt hat.)
Ereignis auf der (fiktiven) historischen Ebene
Bau der *Ringbahn* um Kreta, welche die Versorgung der sieben Forschungsstationen rund um den *Leoniden* (Leo 1 bis 7 genannt) gewährleistet, welche von den führenden Nationen der Erde in Zusammenarbeit mit der UNO betrieben werden. Finanzierung des Baus und des Betriebs erfolgen durch ein internationales Konsortium, welches im Gegenzug für die Dauer von 99 Jahren alle Einnahmen aus dem immer größer werdenden Strom der Besucher aus der ganzen Welt bekommt. (Dieser Touristenboom macht Kreta zum interessantesten Spekulationsgebiet der Erde – mit allen damit verbundenen Problemen.)

2030
Ereignis auf der Personen-Ebene
Enio Santander-Lopez (ein soziopathisches Finanzgenie aus Uruguay) wird verhaftet. Man wirft ihm Drogen- und Waffenhandel großen Stils vor (→ 2031).
Ereignis auf der (fiktiven) historischen Ebene
Einführung der Weltwährung *Solar* (Symbol: ⊕), nachdem die durch fünf Mini-Kriege à la Irak 2003 und die Folgen des schrecklichen Erdbebens von 2027 total abgewirtschafteten USA ihren Widerstand gegen die Ablösung des Dollar als Weltwährung aufgeben mussten. Der Solar verschafft den Vereinten Nationen endlich auch die finanzielle Macht, sich als echte politische Kraft und Weltregierung zu etablieren.

2031
Ereignis auf der Personen-Ebene
Santander-Lopez muss »mangels Beweisen« wieder freigelassen werden.
Ereignis auf der (fiktiven) historischen Ebene
Weltweiter Skandal, als bekannt wird, dass die kretische Ringbahn sich im Privatbesitz eines international operierenden Drogenkartells befindet, das auch an den Patenten aus der Erforschung des Leoniden höchst interessiert ist. Das Kartell verliert alle Rechte an der Ringbahn. Die Ringbahn wird »Eigentum der Menschheit«, und ihre Einkünfte (wie alle künftigen Patente aus der Erforschung des Leoniden) werden der Finanzabteilung der UNO übertragen.

2032
Ereignis auf der Personen-Ebene
Die britische Biologin Dr. Brenda Tokaja lernt Thai Dahl bei einem Vortrag über den Leoniden mit anschließender Führung entlang des Artefakts kennen. Die beiden beginnen eine Beziehung (welche in den Medien als »wilde Affäre« bezeichnet wird).

Ereignis auf der (fiktiven) historischen Ebene
Die Menschheit gewöhnt sich allmählich an die Existenz des Leoniden. Wie aus patriotischem Trotz und um selbst im Weltraum nach dem Bau der Mondstation (2015) wieder aktiv zu werden, schickt man die erste bemannte Expedition zum Mars. Sie wird von einem privat finanzierten Konsortium einiger Multis ausgerüstet, die dafür den Roten Planeten 99 Jahre erforschen und ausbeuten dürfen. Gegen diese Entscheidung der UNO formiert sich weltweiter Protest.

2033
Ereignis auf der Personen-Ebene
Brenda Tokaja, inzwischen Mitglied im *Kretischen Team* von Thai Dahl, macht an einer bis dahin unbeachteten Stelle des Leoniden eine sensationelle Entdeckung, die einen ersten brauchbaren Hinweis auf die Herkunft des Artefakts aus einer interstellaren Zivilisation darstellt: Die *Kretischen Augen*.
Ereignis auf der (fiktiven) historischen Ebene
Bei den *Kretischen Augen* handelt es sich um eine Art Virus, der in einer bestimmten Nährlösung zu faustgroßen Objekten auskristallisiert. Diese üben auf den Betrachter eine irritierende Wirkung aus – ähnlich der, wenn einem jemand intensiv in die Augen schaut. Da diese als *Kretische Augen* (oder *Leones*) bezeichneten Objekte, die in allen Farben des Regenbogens vorkommen, sich offenbar als harmlos erweisen, avancieren sie ab 2035 zu Kultobjekten, die auf der ganzen Welt begehrt sind und in ihren selteneren Varianten zu gigantischen Summen gehandelt werden.

2034
Ereignis auf der Personen-Ebene
Thai Dahls Frau (Rickys Mutter) stürzt bei einer Paraglide-Meisterschaft tödlich ab.
Ereignis auf der (fiktiven) historischen Ebene
Der Kontakt zur Mars-Expedition bricht ab. Deren offensichtliches Ende wird jedoch verheimlicht. Stattdessen sendet das Konsortium die Reality-TV-Show *Mars is our future* mit Doppelgängern der vier Astronauten.

2036
Ereignis auf der Personen-Ebene
Brenda Tokaja erhält den Nobelpreis für die Erforschung der *Kretischen Augen* (»Quasivitale Impaktreste« lautet der Titel ihrer ersten Publikation in *Nature*). Vergeblich warnt sie davor, die *Augen* in Umlauf zu bringen.
Ereignis auf der (fiktiven) historischen Ebene
Der Schwindel mit dem fiktiven Mars-Team kommt auf; dem Konsortium wird der Pachtvertrag gekündigt.
Die Astronauten werden nach vergeblichen Kontaktversuchen für tot erklärt.

2037
Ereignis auf der Personen-Ebene
Brenda Tokaja wird von König William von England zur *Dame* ernannt.
Ereignis auf der (fiktiven) historischen Ebene
Überraschend meldet sich das Mars-Team wieder. Angeblich hat man in der Nähe des Landeplatzes ein Artefakt ähnlich dem *Leoniden* von Kreta entdeckt, mit dessen Hilfe die Astronauten überleben konnten – aber sie weigern sich, die näheren Umstände der Rettung preiszugeben (diese werden im späteren Verlauf des Romans offenbart).

2038
Ereignis auf der Personen-Ebene
Der 15-jährige Ricky Dahl stürzt mit dem – verbotenerweise geflogenen – Hubschrauber seines Vater Thai Dahl ab. Er überlebt, leidet aber von da an unter noch schwereren Depressionen als zuvor. Er macht kurz Karriere als Gitarrist der von ihm gegründeten Band *Alien View* und nennt sich »Jo von der Kante«, womit er seine suizidalen Neigungen geschickt vermarktet.
Ereignis auf der (fiktiven) historischen Ebene
Ultrarechte amerikanische Terroristen sprengen mit einer MiniNuke das UN-Gebäude in New York in die Luft. Dass sie damit ganz Manhattan samt der verhassten Börse an der Wallstreet auf Jahrtausende hinaus radioaktiv verseuchen, ist ihnen nur recht.
Die UNO verlegt nach Abklingen des Schocks ihren Sitz nach Wien. (Dies war allerdings schon lange geplant, weil das politische Klima in den USA den Vereinten Nationen gegenüber immer feindseliger geworden ist.)

2038
Ereignis auf der Personen-Ebene
(Niemand weiß, ob Ricky Dahls spektakuläre Selbstmordversuche, die er jedes Jahr am Todestag seiner Mutter im Rahmen eines Open Air-Konzerts inszeniert, echt oder gespielt sind. Nach 2043 hört man jedoch nichts mehr von ihm – bis zu seinem Comeback-Konzert → 2047 in Athen.)

2039
Ereignis auf der Personen-Ebene
Dame Brenda Tokaja wird – als erste Frau – zur Generalsekretärin der Vereinten Nationen gewählt. Politische Widersacher sprechen von einem Skandal und bekämpfen sie erbittert. Aber schließlich kann sie sich durchsetzen mit einer ungewöhnlichen Idee, welche den chronischen Geldmangel der UN beendet.
Ereignis auf der (fiktiven) historischen Ebene
Brenda Tokaja gründet die Weltlotterie[14] und die *Weltspiele*. Mit diesem

---

[14] Wie bei jeder anderen Lotterie kann man Lose kaufen – da der Hauptgewinn eine Milliarde Solar (rund eine halbe Milliarde Euro) beträgt, ist die Beteiligung an der jeweils am ersten Samstag im Monat stattfindenden Ziehung entsprechend groß. Die Quiz-Show *Wer wird Milliardär?* bricht alle Rekorde.

geschickten Schachzug spült sie Milliarden Solar in die Kassen der Weltregierung, rettet die mit zehn Prozent beteiligte griechische Regierung vor dem Staatsbankrott und weckt gleichzeitig das Interesse an dem *Leoniden* neu, das im Lauf der Jahre eingeschlafen war, weil Thai Dahl und das Kreta-Team noch immer keine greifbaren Ergebnisse erzielt haben.

An den *Weltspielen* kann sich jeder Mensch beteiligen, der 16 Jahre alt ist. Sie finden ab 2040 alle drei Jahre statt und sollen *The Best of the Best* motivieren, die Erforschung des Leoniden voranzutreiben.

Sieger ist jedenfalls das Individuum oder das Team, dem es gelingt, in den Leoniden einzudringen und verwertbare Erkenntnisse oder erforschbare Objekte zurückzubringen.

2040
Ereignis auf der Personen-Ebene
Das *Erste Team* berichtet von einer Art unterirdischem dreidimensionalem Labyrinth bzw. Irrgarten mit eigenartigen Zeitlupen- und Zeitraffereffekten und seltsamen Halluzinationen, die bei jedem Team-Mitglied anders aussehen und Dr. Thai Dahl und sein Kreta-Team vermuten lassen, dass das Artefakt Zugänge zu anderen Planeten herstellen könnte.
Ereignis auf der (fiktiven) historischen Ebene
Zehn abgewrackte Flugzeugträger (welche die UNO den USA zum symbolischen Preis von zehn ⊕ abgekauft hat) werden im Mai um Kreta in zehn Kilometern Entfernung stationiert. Sie sind Versammlungsort für die Teilnehmer an den Weltspielen und Ausgangspunkt der ersten Etappe: zur Insel Kreta hinüberschwimmen ...

2043
Ereignis auf der Personen-Ebene
Das *Zweite Team* bringt eine rätselhafte schwarze Flüssigkeit zurück, die es aus einer Art Quelle tief im Inneren des *Leoniden* am Ende eines Gangs schöpfen konnte. Dieser Gang schließt sich undurchdringlich wieder. Die Flüssigkeit entpuppt sich als eine Art Rauschgetränk.
Ereignis auf der (fiktiven) historischen Ebene
Die *Zweiten Weltspiele* werden wegen rätselhafter Aktivitäten des Leoniden um ein Jahr verschoben – es sieht so aus, als *atme* das Artefakt, weil es sich rhythmisch aufbläht und wieder schrumpft, so, als sei es lebendig.

2047
Ereignis auf der Personen-Ebene
Comeback-Konzert von Ricky Dahl in Athen.
Ricky alias Jo von der Kante und Rosa Leary sind ab nun die zentralen Figuren. In den Annalen der Weltspiele wird man sie später als das *Siebente Team* bezeichnen.
Ereignis auf der (fiktiven) historischen Ebene
Die *Dritten Weltspiele* werden in Istanbul eröffnet. Sie sind zunächst gekennzeichnet durch ein totales Scheitern aller Teilnehmer. Hier setzt die Geschichte ein, die im Roman erzählt werden soll ...

Anhang

Glossar

Ein über diese Aufstellung hinausgehendes Glossar finden Sie in meinem Buch *Das Drama der Hochbegabten* und auf meiner Website (*ww.iak-talente.de*).

ADHS: Abkürzung für das Aufmerksamkeits-Defizit-Hyperaktivitäts-Syndrom. Wie die Bezeichnung schon sagt, handelt es sich bei diesen *Zappelkindern* (wie sie nach einer Geschichte in HOFFMANNS *Struwwelpeter* auch genannt werden) um Kinder und Jugendliche, die nicht stillhalten können und Schwierigkeiten haben, sich zu konzentrieren. Eine andere Variante erscheint in sich gekehrt und verträumt. Die Krankheit ist nicht neu, ähnelt sehr dem, was früher vegetative Dystonie oder schlicht Nervosität genannt wurde und könnte hysterischen Zügen verwandt sein. Es sieht so aus, als wären viele dieser Kinder hochbegabt und deshalb zapplig, weil sie mit ihrem schnell funktionierenden Gehirn nicht zurechtkommen. (Neu ist die – sehr umstrittene – Behandlung mit dem Psychotonikum Ritalin.)

Autodidakt: Jemand, der sich die Kenntnisse auf einem bestimmten Fachgebiet in eigener Regie aneignet, gewissermaßen »ohne den Segen« akademischer oder berufsständischer Gremien – aber auch ohne deren korrigierende Kritik. Der Vorteil ist eine frische Sicht auf ungelöste Probleme – der Nachteil die Fehlinterpretation und geradezu manische Verfolgung von etwas, das sich nicht selten als fixe Idee herausstellt (s. HAFFNER 1999).

Bipolares Denken: Zwei gegensätzliche Auffassungen zu einem Thema im Blick behalten, ohne sie gleich auf einer quasi übergeordneten Ebene zu neutralisieren. Beispiel: die Auffassung, dass Licht sowohl als immaterielle *Welle* wie auch als materielles *Teilchen* existiert, je nach physikalischer Versuchsanordnung (auch → Universalienstreit).

Creative Writing: In den USA zu Beginn des 20. Jahrhunderts entstandene und seit den 1940er Jahren verstärkte pädagogische Bewegung, die nicht primär an literarischen Ambitionen orientiert ist, sondern den persönlichen Neigungen des Schreibenden mehr Aufmerksamkeit widmet (Selbsterfahrung, Kontakt zu Gleichgesinnten). Sehr beeinflusst durch die Verbreitung der Psychoanalyse und verwandter Therapieformen ab 1895 (→ Schreibtherapie). In Deutschland seit den 1980er Jahre ebenfalls mehr und mehr verbreitet.

Deformation professionelle: Ein durch den Beruf hervorgerufenes Persönlichkeitsdefizit. (Beispiele: Ein Chirurg kann Menschen nur noch als zu operierende Objekte sehen. / Ein Journalist sieht in seinen Mitmenschen nur noch potenzielle Informanten und bemisst deren Wert nach ihrer Ergiebigkeit für seine Arbeit).

Deïfizierung: Bedeutende Menschen an der Spitze ihres Sozialsystems wie KAISER AUGUSTUS oder IMHOTEP wurden schon bald nach ihrem Tod zu Gottheiten erhoben (deïfiziert – von lat. *deus* = Gott) und entsprechend verehrt.

Heldenreise: Der amerikanische Mythenforscher JOSEPH CAMPBELL hat viele Mythen, Märchen und moderne Erzählungen analysiert und daraus ein grundlegendes Modell des Ablaufs dieser abenteuerlichen Reisen entwickelt. Insbesondere inspirierte ihn dabei das Eindringen des athenischen Königssohns THESEUS in das Labyrinth von Kreta und sein Sieg über den schrecklichen MINOTAUROS.

(Diese virtuelle Reise beschreibt zugleich der Ablauf jedes kreativen Prozesses – auch beim Schreiben eines Buch-Manuskripts. Der amerikanische Dramaturg CHRISTOPHER VOGLER, nennt dies in seinem Buch gleichen Titels *The Writer's Journey.*)

Hochbegabung: Als hochbegabt bezeichnet man jemanden, dessen Intelligenzquotient in einem der standardisierten Intelligenz-Tests 130 und mehr Punkte beträgt. Dies ist bei rund drei Prozent der Gesamtbevölkerung der Fall (Näheres in SCHEIDT 2004).

Höchstbegabung: gewissermaßen eine Steigerung von Hochbegabung, entweder auf einem Spezialgebiet oder sogar in mehreren Domänen (Beispiel: blitzschnell Quadratwurzeln ziehen oder andere mathematische Höchstleistungen vollbringen können; exzellentes Schachspiel im Meisterbereich; Promotion in Physik). IQ-Werte ab 140 in einem der gängigen Intelligenz-Tests.

Humanat: Neologismus für eine Herrschaftsform, in der – anders als im Patriarchat – Männer und Frauen als *Menschen* voll gleichberechtigt sind.

Labyrinth: Entgegen der üblichen Vorstellung kann man sich in einem Labyrinth (des ursprünglichen kretischen Stils) gerade nicht verirren, weil der *eine* schlingenförmig hin- und herpendelnde Gang genau zum Kern führt – im Gegensatz zum Irrgarten (vom Autor auch als *Yrrinthos*[15] bezeichnet). Dessen viele Eingänge und Weggabelungen sollen den Besucher ganz gezielt verunsichern und in die Irre führen, damit er das Zentrum möglichst verfehlt und auch den Ausgang nur unter größter Mühe wiederfindet. Wenn man so will: eine Art Intelligenztest.

Labyrinthiade: Meine Bezeichnung für den ganzen Sagenkreis um das Labyrinth-Motiv: THESEUS' Kampf mit dem MINOTAUROS, die Geschichte von den ersten Fliegern DAIDALOS und IKAROS und der Bericht über den König MINOS (Sohn des Göttervaters ZEUS und der Prinzessin EUROPA, mit denen die westliche Zivilisation vor 5000 Jahren beginnt) und noch einiges

---

[15] *Yrrinthos* ist eine Kunstschöpfung aus *Irr*garten und Laby*rinth*. Sie soll klären, dass umgangssprachlich mit »Labyrinth« nahezu immer ein Irrgarten gemeint ist, in dem man sich verirren kann. Im Labyrinth kretischen Stils kann man sich nicht verirren, denn es gibt nur einen einzigen Weg, der vom Eingang zum Zentrum und zurück führt.

mehr. (Den vollständigen Text findet man mit dem Suchwort »Labyrinthiade« auf meiner Website: www.iak-talente.de.)

Naturtalent: Jemand, der eine spezielle (Hoch-)Begabung ohne große Vorbereitung scheinbar sofort zur Verfügung hat. Von N. spricht man auch bei einem Autor oder Musiker, der in jungen Jahren mit einem Erstling gleich einen großen Wurf landet.

Normalverteilungskurve: Eine von CARL FRIEDRICH GAUSS (1777–1855) entdeckte mathematische Kurve (nach ihrer Form auch Gauß'sche Glockenkurve genannt), welche beschreibt, wie sich z. B. Begabungen in der Bevölkerung verteilen. So machen Hochbegabte (IQ höher als 130) und Minderbegabte (IQ niedriger als 70) jeweils rund drei Prozent an den Rändern dieser Kurve aus, während die Normalbegabten das Gros mit 94 Prozent bestreiten.

Paradigmenwechsel: Von THOMAS KUHN 1962 geprägter Neologismus; er beschreibt damit, wie in der Wissenschaft neue Ideen entstehen und sich durchsetzen.

Polythematisches Denken: → bipolares D. / → Universalienstreit

Psychoanalyse: Ein von SIGMUND FREUD ab 1895 entwickeltes Verfahren, psycho-soziale Störungen und Blockaden zu verstehen, sichtbar zu machen und abzubauen. Er hielt seine Patienten an, sich dem Strom ihrer Einfälle und Erinnerungen zu überlassen, ohne diese vorab zu bewerten (Technik der *Freien Assoziation*). Dies wurde zum Ausgang für viele ähnliche Formen der Psychotherapie und verwandte Methoden wie die → TZI.

Zugleich war dies der Beginn einer *Angewandten Kreativitätspsychologie*, weil Störungen und Blockaden der Kreativität auf allen möglichen Ebenen (von der biologischen – z.b. Unfruchtbarkeit – bis zur geistigen – z.b. Schreibblockade) das zentrale Thema jeder Psychoanalyse oder verwandten tiefenpsychologischen Psychotherapie sind.

Da die *Freie Assoziation* ein Kernstück des → Creative Writing ist, kann man Freud ruhig auch als Urvater und Pionier dieser Methoden sehen, da letztlich alle darauf basieren, wie in der Psychoanalyse den Strom der Einfälle zum – möglichst ungehemmten – Fließen zu bringen.

Freud hat sich zwar selbst nie einer Psychoanalyse unterzogen, aber er betrieb ab 1895 sein Leben lang eine Selbstanalyse, nicht zuletzt durch intensives Schreiben: Seine mehrere tausend Seiten umfassenden Gesammelten Werke plus seine zahlreichen Briefwechsel belegen, dass er eigentlich immer so etwas wie eine → Schreibtherapie machte.

Sabbatical: Im *Alten Testament* wird erwähnt, dass die Juden des Altertums (analog zum Sabbat als siebentem Tag der Woche, an dem die Arbeit ruht) alle sieben Jahre ein Feierjahr einschalten, damit Mensch und Natur sich erholen können. In dieser Zeit werden etwa die Felder nicht bestellt. Im übertragenen Sinn ist ein Sabbatical heute eine Auszeit von zum Beispiel einem Jahr, die jemand von seinem Beruf nimmt, um seine künftige Tätigkeit zu überdenken oder sich fortzubilden.

Schreibtherapie: Von der → Psychoanalyse angeregtes Verfahren, das Schreiben als kathartisches (= von traumatischen Erlebnisses befreiendes) und die Selbsterkenntnis förderndes Werkzeug einzusetzen. Im Grunde ist dies der Kern allen → *Creative Writing*. Wenn das Schreiben allerdings nur allein verwendet wird – also ohne ein Publikum wie in einer Schreibgruppe und/oder ohne Begleitung durch einen erfahrenen (Schreib-)Therapeuten –, ist sein therapeutischer Effekt nur sehr beschränkt. Denn alle (neurotischen) Blockaden der Kreativität sind immer auch Blockaden zwischenmenschlicher Beziehungen.

Deshalb sind auch Chatrooms im Internet mit dem Austausch von noch so vielen E-Mails kein Ersatz für ein therapeutisches Gespräch *face to face*.

Soziopathen: Psychisch schwer gestörte Menschen, die ohne Rücksicht auf ihre negative Wirkung andere Menschen manipulieren oder schädigen. Die Schätzungen ihres Anteils an der Gesamtbevölkerung schwanken sehr stark zwischen rund drei Prozent (entsprechend der → *Normalverteilungskurve*) und zehn bis 15 Prozent. Ersteres trifft wohl nur auf die völlig gewissenlosen Manipulatoren zu, Letzteres auf die leicht verführbaren Mitläufer und Sympathisanten.

(Beispiele: ein alkoholkranker Vater, der die übrigen Familienangehörigen tyrannisiert; ein skrupelloser Gangsterboss; ein Machtmensch vom Schlage ADOLF HITLERS, der sein Charisma missbraucht, um andere Menschen für seine politischen Zwecke zu instrumentalisieren.)

Thesauros: griechisch wörtlich »Schatz [thes] von Gold [auros]« – im übertragenen Sinne Bezeichnung für etwas Wertvolles, zum Beispiel den Zuwachs an Selbsterkenntnis, die jemand im Verlauf einer → *Heldenreise* entdeckt. (Von Thesauros wird das Wort *Tresor* abgeleitet).

TZI (ThemenZentrierte Interaktion): Eine von RUTH C. COHN in den 1960er Jahren entwickelte Methode, Gruppen zu leiten. So bezeichnet, weil jede Gruppensitzung unter einem *Thema* steht. Es werden jedoch auch stets die Bedürfnisse der einzelnen Teilnehmer berücksichtigt, vor allem, wenn es zu Störungen ihrer Mitarbeit kommt (z.B. durch Kopfschmerzen oder weil emotionale Probleme oder ein Kommunikationsproblem die Aufmerksamkeit absorbieren). Drittens wird vom Leiter darauf geachtet, dass der gemeinsame kreative Prozess der gesamten Gruppe vorankommt. Diese drei Elemente befinden sich außerdem in stetem Kontakt mit der Umwelt (Globus) und bilden eine *Dynamische Balance*, die immer wieder verloren geht und neu gefunden werden muss. COHN nennt dieses gesamte komplexe Geschehen zu Recht *Lebendiges Lernen*.

Underachiever: Hochbegabter, der seine Fähigkeiten nicht ausreichend realisiert (und z.B. in der Schule trotz sehr guter mathematischer Anlagen schlechte Noten in Mathematik schreibt).

Universalienstreit: Sind nur die Erscheinungen real, welche mir die Wahrnehmung zugänglich macht (zum Beispiel der Apfel, in den ich gerade hineinbeiße) – oder existieren nur die »Dinge hinter den Dingen« (Platons *Ideen*, Kants »Ding an sich«, die *Naturgesetze* der modernen Wissenschaften)? Der Streit um diese *Universalien* tobte lange in der europäischen Geistesgeschichte und nicht nur dort. IMMANUEL KANT (→ 1784), vor ihm ABÄLARD (→ 1121) und noch früher in Indien SHANKARA (→ 750) lösten diesen Grundsatzstreit, indem sie das Problem gewissermaßen auf eine höhere Ebene hoben: Beide Sehweisen sind gleichermaßen gültig.

EINSTEIN löste ein verwandtes Problem auf dieselbe elegante Art: den Streit um die Doppelnatur des Lichts – das je nach Betrachtungsweise und physikalischem Experiment einmal als Welle erscheint und das andere Mal als materielles Teilchen.

Filmografie

Diese Liste erhebt keinen Anspruch auf Vollständigkeit. Sie dient in erster Linie der Demonstration, wie eine chronologisch angeordnete Filmografie aussehen könnte. Es sind nur Filme aufgeführt, die zum Zeitpunkt der Erstellung dieser Übersicht (Februar 2004) auf DVD erhältlich waren. Alle Beispiele haben in irgendeiner Form mit dem Thema Hochbegabung/Intelligenz/Kreativität zu tun – direkt oder indirekt. Bei allen habe ich etwas über den ungefähren Inhalt hinzugefügt, damit man ahnt, wie eine richtige *Filmografische Zeittafel* aussehen könnte. Ich benütze dabei verschiedene Formen der Darstellung – vom knappen Einzelsatz bis zur ausführlichen Würdigung von Inhalt und Umsetzung durch das Film-Team.

Bei JODIE FOSTERS *Wunderkind Tate* und GUS VAN SANTS *Good Will Hunting* ist der Bezug direkt: Die Hauptfigur ist beide Male höchstbegabt und es geht um die Probleme, die sich aus der Realisierung der Talente bzw. deren Verweigerung ergeben. Dass der entmachtete und verfolgte römische General Maximus in *Gladiator* ein Hochbegabter sein muss, ergibt sich aus seiner Stellung und seinen Erfolgen; dies möchte ich auch *Conan* zugute halten.

Die Übersicht ist folgendermaßen gegliedert: Nach dem Jahr des Geschehens folgt in der zweiten Zeile der Regisseur (ergänzend das Land, das Jahr der Veröffentlichung), die dritte Zeile enthält den Titel des Films, danach folgt eine kurze Inhaltsangabe.

Vorzeit und Altertum

60 000 v. Chr.
Annaud, Jean-Jacques (Kanada/Frankreich 1985)
Am Anfang war das Feuer
  Vor langer langer Zeit, als die Menschen gerade die Sprache zu erfinden begannen. Wer das Feuer hat, der hat auch die Macht über Wärme, Sicherheit und Zusammenhalt des Stammes. Als eine fremde Horde den Stamm der Ulam überfällt und das Feuer zerstört, müssen sich drei Unerschrockene auf den Weg machen, um wieder ein Feuer zu finden. Bei einem anderen Stamm entdecken sie nicht nur, wie man Feuer selbst herstellt – sondern auch eine neue Art, Sex zu treiben. Exzellenter Film – so könnte es gewesen sein, vor etwa 60 000 Jahren.

4000 v. Chr., ca..
Milius, John (USA 1981)
Conan der Barbar
Der (durch die Ermordung seiner Eltern und seiner Dorfnachbarn) traumatisierte Conan muss viele Jahre in einer Tretmühle schuften. Er überlebt nicht nur, sondern wird immer stärker. Schließlich kauft ihn ein Veranstalter von mörderischen Zweikämpfen. In diesem Gewerbe wird Conan der Beste: ein äußerst talentierter Kämpfer, der Lesen und Schreiben lernt und – in späteren Abenteuern – sogar Herrscher über ein ganzes Reich wird.

180 n. Chr.
Scott, Ridley (USA 2000)
Gladiator
Im antiken Rom zur Zeit des Marcus Aurelius (121–180) spielt General Maximus eine wichtige Rolle. Er besiegt die Germanen – wird aber dann vom eifersüchtigen Nachfolger des Kaisers, Commodus, entmachtet und in die Sklaverei verkauft. Dort muss er sein Leben als Gladiator fristen. Aus dieser existenziellen Tiefe arbeitet sich Maximus systematisch wieder nach oben, um sich zu rächen.

Neuzeit

Um 1500
Gorski, Peter (Deutschland 1960)
Faust
Irgendwann in der Renaissance in teutschen Landen. Der kühne Gelehrte Dr. Heinrich Faust schließt einen Pakt mit dem Teufel, um endlich dem erstickenden Staub seiner Bibliothek zu entkommen und richtig was zu erleben. Er wird zum neuen Typ des modernen *mad scientist*, dem alle Mittel recht sind, seine Visionen zu verwirklichen.
Kongeniale Theater-Verfilmung (durch Gustav Gründgens' Adoptivsohn Gorski) des goetheschen Dramas; mit dem genialen Gründgens als Mephisto und Will Quadflieg als Faust.

1600 ca.
Madden, John (England 1999)
Shakespeare in Love
Der geniale Dichter (1564–1616) hat eine Schreibblockade. Dann verliebt er sich, und das nächste Drama sprudelt nur so aus ihm heraus. Ein wunderbarer Film, in dem alles stimmt: Schauspieler, Lokalkolorit, Zeitkolorit und Witz, belohnt mit sieben wohlverdienten Oscars.

1756–1791
Forman, Milos (USA 1984)
Amadeus
Das Leben des Wunderkinds Mozart: von der Kindheit, wo man ihn an den Höfen Europas staunend herumreicht, über seine Erfolge mit Wun-

derwerken wie der *Zauberflöte* bis zum Tod als kaum mehr bekannter Komponist, der seiner Zeit weit voraus war.

Eine wunderbare Verfilmung des Sujets, die es zwar mit der Realität nicht immer so genau nimmt (Salieri war kaum der Mörder und es gab wohl auch gar keinen Mord), die den Geist des Barock transportiert und den modernen Zuschauer ahnen lässt, wie man damals als Untertan gelebt haben mochte – auch als gefeiertes Genie der Willkür der Mächtigen total ausgeliefert.

1818
Brannagh, Kenneth (USA 1994)
Mary Shelleys Frankenstein

Sehr eindrucksvolle Geschichte vom größenwahnsinnigen Talent, das einen künstlichen Menschen schafft – und seine Hybris böse bezahlen muss.

Rasante Umsetzung des Bestsellers von Mary Shelley, die 1816, angeregt durch einen Traum, dieses Urmodell der Science Fiction niederschrieb und damit 1818 Weltruhm und finanzielle Unabhängigkeit errang – was allein schon eine gewaltige Leistung für eine Frau in jener Zeit war.

1825
Vilsmaier, Joseph (Deutschland 1994)
Schlafes Bruder

1803 wird Johannes Elias Alder in einem abgelegenen Dorf in Vorarlberg geboren. Er erweist sich als Naturtalent im Bereich Musik, das sich selbst das Orgelspiel in der Dorfkirche beibringt. 1825 nimmt er sich – verzweifelt, dass er sein Talent nicht zur Reife entwickeln kann –, durch Schlafentzug das Leben. Dieses bizarre Ende kündigt sich im Film in einer atemberaubenden Szene an, als Elias einen Trip unter dem halluzinogenen Einfluss von Fliegenpilzen macht.

Es hat solche Naturtalente immer wieder gegeben – dieses ist allerdings eine Erfindung des Autors Robert Schneider, dessen Roman gleichen Titels JOSEPH VILSMAIER 1994 mit eindrucksvollen Szenen verfilmt.

1930 ca.
Attenborrough, Richard (England/Indien 1982)
Gandhi

Leben und Werk des indischen Reformers und Befreiungspolitikers ab seiner Zeit als Rechtsanwalt in Südafrika. Die Geschichte eines »geduldigen Fanatikers«, die nur dank der Fairness der Briten möglich war – unter der Herrschaft der Nazis undenkbar!

Acht Oscars für eine großartige filmische Leistung.

1930 ca.
Lean, David (USA 1962)
Lawrence von Arabien

Dieser Mann war fraglos ein Hochbegabter – ein diplomatisches und strategisches Genie. Der Filmtext bezeichnet ihn sogar als »Auserwählten«.

1933–1945
Herrendörfer, Christian (Deutschland 1962)
Hitler – eine Karriere
Berlin im Jahr 1933: Hitler ist legitim an die Macht gewählt worden und geht nun seinen vom Größenwahn diktierten Weg. Dokumentation nach Joachim C. Fests Sachbuch gleichen Titels über Aufstieg und Untergang des deutschen Diktators.

1935 ca.
Welles, Orson (USA 1941)
Citizen Cane
In den 30er Jahren spielt Orson Welles' Klassiker über den Medienzar Randolph Hearst. Bezug zum Thema »Hochbegabung«: Orson Welles selbst, als Regisseur und Hauptdarsteller. Und dann die Figur des Pressezaren Randolph Hearst, den Welles selbst darstellt: ein egomanischer, enorm begabter Egozentriker, der in schrecklicher Einsamkeit endet, weil er zwar von allen geliebt werden möchte – aber selbst niemanden zu lieben vermag.
(Die Bildqualität der DVD ist erträglich, aber der Ton miserabel. Dennoch: ein Meisterwerk, ohne Frage.)

Moderne

Um 1950
Schepisi, Fred (USA 1994)
IQ – Liebe ist relativ
ALBERT EINSTEIN (superb gespielt von Walter Matthau) verkuppelt in dieser köstlichen Komödie seine supergescheite Nichte Cathrin (Meg Ryan) mit dem netten Automechaniker Ed (Tim Robbins). Der geniale Physiker versteht eben auch von Frauen einiges (wenn er sie auch im wirklichen Leben nicht sonderlich gut behandelt hat).

1960er Jahre
Spielberg, Steven (USA 2003)
Catch me if you can
Frank Abagnale war der intelligenteste von allen Betrügern und führte schon als 16-Jähriger mit seinen Scheckfälschungen und Hochstapeleien alle an der Nase herum: Die Fluggesellschaften, die Banken und sogar das FBI. Bis er in Frankreich geschnappt wurde und eine üble Zeit im Gefängnis verbrachte. Dann holten ihn sich die Schweden. In den USA kam er (beim Verbüßen seiner dritten Strafe) jedoch bald wieder aus dem Knast, weil das FBI seine Dienste als »Mann vom Fach« schätzte. Seit 25 Jahren verdient er Millionen auf ehrliche Art, indem er Banken und Versicherungen mit seinem »Know-how aus erster Hand« berät. Eine wahre Erfolgs-Story, wie sie mit so einem Happy End nur einem Hochbegabten gelingen kann (www.abagnale.com).

1962
Donaldson, Roger (USA 2000)
Thirteen Days
1962 wäre um ein Haar der Dritte Weltkrieg mit Atomwaffen ausgebrochen – wenn nicht die Kennedy-Brüder so vernünftig gewesen wären (und ihr sowjetischer Gegenspieler Chruschtschow mitgespielt hätte). Der »Lohn«: Beide wurden ermordet.

1963
Stone, Oliver (USA 1991)
JFK (John F. Kennedy)
Die Ermordung des vielleicht modernsten (und zugleich umstrittensten), sicher hochbegabten, amerikanischen Präsidenten wird auf eine Verschwörung zurückgeführt. Ein Staatsanwalt deckt das Komplott auf – aber niemand will diese »Wahrheit« wissen. Umstrittener Film – aber toll gemacht (bis auf das ellenlange Schluss-Plädoyer des Anklägers Jim Garrison).

1963
Young, Terence (USA 1963)
Liebesgrüße aus Moskau
Ernst Stavros Blofeld von SPECTRE ist der böse Superschurke, den James Bond bezwingen muss. (Endgültig vernichten darf er ihn noch nicht – Forts. folgt!)
»Ein brillanter Zug!« – gleich zu Beginn demonstriert dieses Kompliment des besiegten Gegners in einem Schachwettbewerb, dass Stratege Cronstin nicht nur auf dem schwarzweißen Feld ein ernst zu nehmender Gegner für den Meisteragenten James Bond sein wird.
»Er ist ungewöhnlich intelligent und schreckt vor nichts zurück« – dieses Kompliment seines Ausbilders gilt einem anderen Schurken, dem Killer Donald Grant – Bonds Gegenspieler auf dem Balkan, mit dem er sich in einer irrwitzigen Szene im Schlafwagenabteil herumprügeln muss.
Der Boss dieser Übeltäter, Nr. 1 (»das Phantom«), ist natürlich noch brillanter als seine tüchtigen Mitarbeiter. Doch der Intelligenteste ist – wer sonst? – James Bond, der diese Bösewichter in 20 Filmen bekanntlich alle besiegt.

1964
Kubrick, Stanley (USA 1964)
Dr. Seltsam oder Wie ich lernte, die Bombe zu lieben
Der geniale Physiker, den die Amerikaner aus dem besiegten Nazi-Deutschland mitgebracht haben, kann sich in Stress-Situationen nicht länger verstellen und reißt die rechte Hand zum Hitlergruß hoch. Aber seine neuen Arbeitgeber nehmen ihm das keineswegs übel, denn er steht ja nun in ihren Diensten und bastelt für sie die Atombombe – gegen den neuen Feind: die kommunistischen Sowjets.
Im Finale steigert Regisseur Stanley Kubrick den subtilen Irrwitz, wenn er den atomkriegslüsternen General auf einer scharf gemachten A-Bombe ins todgeweihte Ziel reiten lässt und der Dritte Weltkrieg seinen Anfang nimmt.

(Der Regisseur Stanley Kubrick war eines der größten Talente der Filmgeschichte, Peter Sellers [Darsteller des Dr. Seltsam] ist einer der erfolgreichsten Schauspieler.)

1968
Jewison, Norman (USA 1968)
Thomas Crown ist nicht zu fassen

Glänzend inszenierte Gauner-Komödie mit ungewöhnlichen Helden: »Stellen Sie sich vor, Sie hätten den Grips für einen Plan, mit dem man 2 660 572 Dollar aus einer angeblich einbruchsicheren Bank rauben könnte. Stellen Sie sich weiter vor, Sie hätten die Kaltblütigkeit und das Durchsetzungsvermögen, um das Ding tatsächlich zu drehen – und zwar derart makellos, dass Sie nie erwischt werden. Wobei noch ein Detail dazukommt: Sie sind so reich, dass Sie das Geld überhaupt nicht nötig haben. Sie ziehen das Ganze nur durch, um dem System eins auszuwischen!« (Werbetext der DVD).

Thomas Crown (Steve McQueen), der diesen Einbruch aus purer Lust am Nervenkitzel und wegen der intellektuellen Herausforderung des von ihm verachteten Establishments begeht, »ist ein gut aussehendes, blitzgescheites Finanzgenie«.

Das Drehbuch zu diesem mit dem Oscar ausgezeichneten Film schrieb der ehemalige Bankangestellte und spätere Anwalt Alan R. Trustman. Es war ein Drehbuch, das der »äußerst begabte Regisseur Norman Jewison (er war sieben Mal für den Oscar nominiert)« einfach nicht ablehnen konnte.

Einer der Höhepunkte des Films ist eine Schachpartie zwischen dem Edelkriminellen Crown und der ihn verfolgenden Detektivin Vicky Anderson (hinreißend gespielt von Faye Dunaway). Dieses Schachspiel (das in eine intensive Kuss-Szene übergeht, nachdem Vicky ihm »Schach« geboten hat) ist die Schlüsselszene der vertrackten Beziehung dieser beiden. Damit drückt Jewison aus, »dass Crown eine gleichwertige Gegnerin gefunden hat«.

1980 ca.
Crowe, Cameron (USA 2000)
Almost famous

»Ich hatte schon so früh meinen Platz in der Welt gefunden. Ich konnte über Musik schreiben, meine erste große Liebe.« So äußert sich Cameron Crowe über den Plot dieses Films. Er wurde als 15-Jähriger der jüngste Reporter des Magazins *Rolling Stone* und drehte später als reifer Mann diesen Rückblick, der zu einem erfolgreichen autobiografischen Film über jene Reporterzeit mit viel guter Rock-Musik wurde.

Leicht wurde es ihm nicht gemacht, denn er musste lange kämpfen, bis er endlich das Interview mit dem Bandleader bekam, dessen Gruppe er so unermüdlich nachreiste. Deshalb ist der Film auch ein sehr schönes Beispiel dafür, wie eine moderne *Heldenreise* aussehen kann.

Ein wunderbarer Film, bei dem einfach alles stimmt – auch die Entwicklungsgeschichte eines frühreifen Hochbegabten.

1985
Coolidge, Martha (USA 1985)
Was für ein Genie! (Real Genius)
High life unter lauter Hochbegabten ... Ein köstlicher Film, der die Marotten und Probleme junger Talente recht gut trifft. Der frühreife Mitch, der einen neuen Laser erfunden hat, die junge weibliche Überfliegerin, die keinen Schlaf braucht, aber völlig überdreht ist und superschnell ... Eine typische amerikanische Teenie-Kömödie – aber gut gemacht.

1987
Stone, Oliver (USA 1987)
Wall Street
Bud Fox (Charlie Sheen) lernt vom gerissenen Börsenmakler Gordon Gekko (Michael Douglas) mehr als nur den Verkauf hochriskanter Aktien. Als sein eigener Vater durch eine von Gekkos Spekulationen mit vielen Kollegen seinen Job verliert, beginnt er den riskanten Weg zurück und kämpft nun gegen den einstigen Mentor (der eigentlich ein *Anti-Mentor* ist, weil es ihm primär um die eigenen Interessen geht und nicht so sehr um die Entwicklung seines Schützlings).
Gordon Gekko wird als Aufsteiger aus einfachsten Verhältnissen charakterisiert. Aber nun ist er nicht nur einer der reichsten Männer Amerikas, sondern auch »einer der weltbesten Kunstkenner und -sammler« (so seine Innenarchitektin).

1990 ca.
Howard, Ron (USA 2002)
A Beautiful Mind – Genie und Wahnsinn
Die ergreifende Geschichte des Mathematikers John Nash, der 30 (!) Jahre lang als schizophren galt, sich selbst heilte und den Nobelpreis bekam.

1991
Foster, Jodie (USA 1991)
Das Wunderkind Tate
Fred mit seinen mathematischen Kunststücken ist wirklich ein Super-Kid – kein »normaler Hochbegabter«, sondern ein Höchstbegabter.
Was zusätzlich auffällt, ist das »Fehlen des Vaters«. Auf mich wirkt der Film so, als wäre er um dieses »Loch« herum arrangiert. Bewusst von Jodie Foster so gewollt – oder unbewusst (weil vielleicht ihrem eigenen Schicksal ähnlich?). Das Drehbuch stammt zwar von einem Mann, Scott Frank, aber die Regisseurin hat sicher Einfluss darauf genommen.
Deutlich zeigt sich das »Fehlen des Vaters« im Schicksal der Psychologin, die Fred Tate unbedingt auf Höchstleistung trimmen will. Ihre Eltern waren beide Ärzte und viel auf Reisen, der Vater liebte Musik. Sie, die Psychologin, hätte viel lieber weiter Geige gespielt, wäre gerne Künstlerin geworden – wurde aber, auf Drängen der Eltern, zur *braven* Wissenschaftlerin.
Doppelt beeindruckend die Leistung von Jodie Foster: vor der Kamera als Mutter von Fred und dahinter als Regisseurin.

1994
Henson, Jim (USA 1994)
Die Reise ins Labyrinth
Kaum hat der Teenager Sarah seinen quengelnden Baby-Stiefbruder »zu den Kobolden« gewünscht, als dieser auch schon dorthin verschleppt wird. Ihr bleiben nur 13 Stunden, um den Säugling aus dem Schloss des Koboldkönigs (gut gespielt von David Bowie) zu retten. Doch dieses Schloss befindet sich in einem recht kniffligen Irrgarten. Um dort durchzufinden, muss Sarah erst Helfer gewinnen – und die sind recht seltsamer Natur. Ein netter Kinderfilm. Das Labyrinth (eigentlich ein Irrgarten) ist jedoch sehr eindrucksvoll – gerade weil es nicht nur aus Mauern besteht, sondern auch aus Wegen durch Dschungel etc.
Bezug zum Thema »Hochbegabung«: David Bowie ist ein sehr talentierter Mensch – nicht nur als Musiker, sondern auch als Schauspieler (s. auch 2010 *Der Mann, der vom Himmel fiel*). Die Figur des Koboldkönigs deutet auf außergewöhnliche Fähigkeiten – Sarah muss, um ihm gewachsen zu sein und den Irrgarten zu meistern, ebenfalls ungewöhnlich talentiert sein.

1994
Vito, Danny de (USA 1994)
Matilda
Diese Göre kann mit Gedankenkraft Gegenstände und Menschen in ihrer Umgebung bewegen. Auch eine (Hoch-)begabung!

1995
Fincher, David (USA 1995)
Seven
Ein hochintelligenter Serienkiller, der seine Verfolger noch brillanter an der Nase herumführt als der Kannibale Hannibal Lecter (*Roter Drache*, *Das Schweigen der Lämmer*). Dieser Mörder will mit einem unglaublichen Kunstwerk in die Kriminalgeschichte eingehen, bei dem jedes Opfer ein wichtiges Detail ist – und die Verfolger und er selbst dazu.
Ein äußerst brutaler Film, von David Fincher mit großartigen Schauspielern (Morgan Freeman, Brad Pitt und Kevin Specey) beklemmend umgesetzt. Die düstere, die Horror-Seite von Hochbegabung gewissermaßen!

1997
Allen, Woody (USA 1997)
Harry außer sich
Woody Allen als Schriftsteller, dem nichts mehr gelingen will. Wenn man schon Harry Block heißt! Komödie mit Tiefgang.

1997
Becker, Harold (USA 1997)
Das Mercury Puzzle
Bruce Willis rettet unter Einsatz seines Lebens »Simple Simon«. Dieser *Idiot Savant* ist ein autistischer Junge mit spezieller Begabung: Er knackt

einen Milliarden-Dollar-Code und gerät dadurch ins Visier des Geheimdienstes NSA. Ein hochrangiger NSA-Boss (gespielt von Alec Baldwin) setzt alles daran, den Jungen zu töten. Doch Art Jeffrie (Bruce Willis) sorgt für die Rettung des hochbegabten, aber schwer gestörten Jungen. Eigentlich geht es um die langsam entstehende Freundschaft zwischen Art und Simon. Die mörderische Jagd auf die beiden motzt alles thrillermäßig auf – aber dieses Gedöns kann die allmählich entstehende liebevolle, umsorgende Beziehung nicht überschatten.

1997
Sant, Gus van (USA 1997)
Good Will Hunting

Will Hunting (exzellent: Matt Damon) ist ein Höchstbegabter, ein frühreifes mathematisches Genie. Aber aufgrund seiner schrecklichen Kindheit als Waise bei schlechten Zieheltern in einer miesen Gegend von Boston hat er sich in seiner inneren Einsamkeit abgekapselt und ist emotional noch völlig unreif.

Während eines Hausmeisterjobs in der Universität von Boston löst er eine extrem schwierige mathematische Aufgabe, die im Flur des Mathematischen Instituts als Anreiz für die Studenten aufgehängt wurde. Aber weil er sich bald darauf in eine böse Schlägerei mit einem Feind aus der Kindheit stürzt, landet er vor Gericht. Nachdem er auch noch einen Polizisten bedroht hat, sieht es schlecht aus für ihn. Da trifft es sich gut, dass Mathematikprofessor Lambeau herausfindet, wer das Mathe-Rätsel gelöst hat. Er bürgt für Will unter der Bedingung, dass dieser mit ihm zusammen an mathematischen Aufgaben arbeitet (er sieht sich als Entdecker eines neuen Mathe-Genies) und sich einer Therapie unterzieht.

Erst die offenen Gespräche mit dem Psychotherapeuten Sean Maguire (ebenfalls exzellent: Robin Williams), die Beziehung zu der reichen (und wohl ebenfalls hochbegabten) Medizinstudentin Skylar und schließlich der wohlmeinende »Tritt in den Hintern« seines besten Arbeiterfreundes Chuckie (Ben Affleck), endlich seine Begabungen ernst zu nehmen und etwas daraus zu machen, lassen ihn allmählich offener werden und zu sich kommen. Der Schluss bleibt offen: Aber er zeigt, dass Will bereit ist, seine Beziehung zu Skylar zu klären. Er fährt ihr nach Kalifornien nach – in dem Auto, das seine drei Kumpel ihm zum 21. Geburtstag selbst zusammengebaut haben.

1998
Anderson, Wes (USA 1998)
Rushmore

Der 15-jährige Protagonist »Max Schwarz«, eine der beiden Hauptfiguren, ist wohl ein Hochbegabter: ein frühreifer Stückeschreiber (sehr gut gespielt von Jason Schwartman). Er verkörpert einen ganz speziellen Typ: Anders als viele Underachiever geht er gerne in die Schule (weil dies ein Aufstieg aus dem Friseurladen seines Vaters ist – mit dem er sich übrigens gut versteht) –, aber er verweigert sich dem Lernen und hat deshalb so schlechte Noten, dass er von der Schule fliegt.

Vergeblich versucht er – in einer für das Hochbegabten-Thema aufschlussreichen Szene – dem Direktor klar zu machen, dass er doch viele andere positive Aktivitäten für die Schule beitrage – ganz abgesehen von seinem Stückeschreiben. Erst Letzteres bringt ihm jedoch den Triumph, der so einem Film natürlich gut ansteht.

1998
Minghella, Anthony (USA 1998)
Der talentierte Mr. Ripley
»Jeder Mensch hat ein Talent«, schreibt Patricia Highsmith in ihrem berühmten Thriller. Der junge Tom Ripley (Matt Damon) schafft sich eine neue Identität durch einen Mord – den er durch einen zweiten Mord decken muss. Eigentlich möchte er nur ebenfalls so ein schönes Leben in Süditalien führen wie sein Freund Dick. Aber zum erfolgreichen Maler (im Film: zum Pianisten) langt es bei ihm nicht. Dafür hat Tom ein ganz spezielles anderes Talent: Er kann hervorragend Unterschriften unter Schecks fälschen und wie ein Chamäleon in eine fremde Identität schlüpfen: die seines Mordopfers. Er macht dies so gut, dass er alle täuscht und am Ende sogar ungeschoren davonkommt – für vier weitere Romane, die Patricia Highsmith um diese Figur geschaffen hat.

Der Film von Anthony Minghella weicht in einigen Details von der Romanvorlage ab – doch es sind sinnvolle Änderungen. Alles in allem ein sehenswerter Film und mit der ersten Verfilmung (*Nur die Sonne war Zeuge*, mit Alain Delon in der Hauptrolle) vergleichbar.

1999
Anderson, Paul Thomas (USA 1999)
Magnolia
Mindestens zwei der neun Erzählstränge, die dieser Film ineinander verschlingt, handeln von Hochbegabten: die beiden Quiz-Teilnehmer (der eine, noch ein Kind, gibt mitten in seiner Gewinnerphase auf – der andere, inzwischen 50, ist zum Loser geworden, der im realen Leben nicht zurecht kommt).

1999
Ramis, Harold (USA 1999)
Reine Nervensache
Ein Mafia-Boss muss auf die Couch, weil psychosomatische Herzattacken ihm das Leben schwer machen. Und das wird wirklich »Reine Nervensache« – für den Therapeuten wie für den kriminellen Patienten!

Eine großartige Komödie mit einem bizarren geistigen Duell zwischen zwei Menschen, von denen jeder auf seine Art erfolgreich ist – und bleiben will. Aber beide müssen sich ändern. Beide müssen eine Heldenreise ganz eigener Art unternehmen, bei der sie füreinander (!) Mentor sind.

Ein wirklich schräger Plot. Der Therapeut ist deutlich als Hochbegabter angelegt – der Mafioso könnte auch einer sein, den sein Milieu allerdings entsprechend geprägt und ausgebremst bzw. deformiert hat.

2000

Mann, Michael (USA 2000)
The Insider
Ein hochbegabter Biochemiker verrät die Verschwörung der Tabakindustrie, ihre zigarettenrauchenden Kunden gezielt süchtig zu machen. Ein dokumentarischer Thriller ersten Ranges über einen echten Skandal, der inzwischen in den USA zu Schadenersatzklagen im dreistelligen Milliardenbereich geführt hat.
»Es geht um die wahre Geschichte des Dr. Jeffrey Wigand (in seiner intellektuellen Blässe großartig dargestellt von Russell Crowe), der Anfang der neunziger Jahre als Entwicklungschef des Tabakkonzerns Brown & Williamson gefeuert wurde, und um den CBS-Journalisten Lowell Bergman (Al Pacino), der es in jahrelanger Arbeit schaffte, das Wissen dieses Mannes um die Geheimnisse der Tabakindustrie im Fernsehen zu enthüllen ... WIGAND kann nachweisen, dass er selbst daran gearbeitet hat, Zigaretten noch tödlicher zu machen, als sie ohnehin schon sind: durch Zusatzstoffe, die das Nikotin schneller ins Blut transportieren, und durch Beimischungen, die bereits als krebserregend bekannt waren.« (*Süddeutsche Zeitung* vom 26. April 2000)
Ein promovierter Wissenschaftler will gerade kein *mad scientist* sein und riskiert bewusst seinen Job, weil er die Verantwortung für sein früheres Tun als hoch qualifizierter und -bezahlter Wissenschaftler nicht länger ertragen kann – das ist die wirklich sensationelle Geschichte. Er will aussteigen aus dem System, das er selbst mit entwickelt und viele Jahre getragen hat, ohne viel darüber nachzudenken – jedenfalls hat er dieses Nachdenken nicht gezeigt bis zu jenem Moment, als sich für ihn alles ändert.
MICHAEL MANN macht aus diesem Komplott einen packenden Film, der zur Realität nichts hinzufügen muss – die ist schon spannend genug.

2000

Sant, Gus van (USA 2000)
Forrester gefunden
Eine Art Gegenmodell zu *Good Will Hunting* (→ 1997) vom selben Regisseur: Während dort der hochbegabte Junge Will Hunting ein Rebell bleibt und nichts aus seinem Talent macht (und sein Mentor, Robin Williams, eher im Anonymen bleibt), wird das Talent hier entwickelt: ein schwarzer Aufsteiger Yamal Wallace, der seine Begabung als Autor (und parallel als Basketballspieler) verwirklichen und durch eine gute Ausbildung optimieren möchte. Sein Mentor Forrester William ist (in Anlehnung an Salinger) ein Autor, der einmal einen weltbewegenden Bestseller geschrieben hat und dann – im Grunde weil ihn der Literaturbetrieb anekelt – gleich wieder ausgestiegen ist. Aber dieser Autor (hinreißend mürrisch gespielt von Sean Connery) gewinnt zunehmend Konturen. So sind am Ende der Alte und der Junge gleichwertig, bilden so etwas wie ein Team.
Hochbegabt ist sicher auch der Regisseur Gus van Sant, der hier treffend wohl auch eigene Erfahrungen verarbeitet.

2000
Hanson, Curtis (USA 2000)
Die Wonder Boys
Dem ziemlich verzweifelten Bestseller-Autor Grady Tripp (großartig: Michael Douglas) will kein neuer Roman gelingen. Während er von den Resten seines Ruhmes zehrt, unterrichtet er – mehr der Not gehorchend als der Tugend – an einer Universität einige Studenten in Creative Writing und tröstet sich wie andere Schriftsteller mit Alkohol und mit Kiffen.
Viel lieber würde er seinen neuen Roman vollenden; davon hat er zwar schon gut tausend Seiten (keine Blockade also im üblichen Sinne) – aber mit der Struktur hapert es gewaltig. Eher widerwillig und neiderfüllt beobachtet er einen sehr begabten jungen Mann, der offenbar genau das hat, was ihm abhanden gekommen scheint: den Biss und die Power zum Gestalten eines richtigen Manuskripts.

2001
Anderson, Wes (USA 2001)
Die Royal Tenenbaums
Eigenartiger Film – eher eine Tragikomödie als eine richtige Komödie. Sehr treffendes Porträt einer Familie von lauter Underachievern – mit dem Vater als zentralem Problemfall. Aber warum wurde er zum Versager – er, der ein erfolgreicher Anwalt war und am Ende als Liftboy arbeitet? (Wäre er nicht sehr erfolgreich gewesen, hätte seine tüchtige Etheline ihn kaum geheiratet!) Er hat die Familie bezeichnenderweise in dem Augenblick verlassen, als der Tennis-Crack Ritchie zum ersten Mal verlor und seine kometenhafte Sportlerlaufbahn buchstäblich in den Sand (des Court) setzte. Der Vater war also enttäuscht (= narzisstisch tief gekränkt) vom Sohn. Aber so ganz ist das – und manches andere – in diesem Film nicht nachvollziehbar.

2001
Riedelsheimer, Thomas (Deutschland 2001)
Rivers and Tides
Der schottische LandArtist Andy Goldsworthy arbeitet mit Steinen, Eiszapfen und Holz in der Natur und mit der Natur – großartige Gestaltungen, die vom Kameramann und Regisseur Thomas Riedelsheimer kongenial gefilmt wurden.

2001
Softley, Iain (USA 2001)
K-Pax – alles ist möglich
Eine packend erzählte Geschichte nach einem Roman von Gene Brewer, der sich als Bericht aus einer psychiatrischen Klinik tarnt. Aber das ist so geschickt inszeniert, dass man am Schluss lange grübelt, ob nun dieser mysteriöse Mann namens *prot* (kleingeschrieben) ein Spinner bzw. *Idiot savant* ist (denn seine astronomischen Kenntnisse sind unglaublich), der

sein Lügengespinst ausbreitet – oder ein echter Außerirdischer, der einen sehr scharfen Blick auf die irdischen Verhältnisse wirft. Das Buch wurde 2001 unter dem selben Titel verfilmt – mit Kevin Spacey als überzeugender Hauptfigur.

2002

Columbus, Chris (USA 2002)
Harry Potter und der Stein der Weisen
Genau wie bei *Herr der Ringe* »the same procedure as last year«: Das Gute (Harry Potter) führt einen verzweifelten Kampf gegen das Böse (Valdemort). Beide sind Hochbegabte – der junge Zauberer muss seine Kräfte erst noch entwickeln.
Die drei Kinder spielen wunderbar. Alles andere ist Käse.
(Trotzdem: Wenn Joanne K. Rowling das in ihren Büchern beschreibt, ist es toll zu lesen – welch eine Erzählkunst!)

Zukunft

2004 ca.

Eastwood, Clint (USA 2000)
Space Cowboys
Schon im Raumfahrtjahr 1958 sollte das »Team Daedalus« Geschichte schreiben und die ersten Menschen ins All tragen. Doch stattdessen schoss man einen Schimpansen hoch. Vier Jahrzehnte später droht ein alter russischer Satellit mit hochgefährlicher Ladung abzustürzen und man besinnt sich der damaligen »Space Cowboys«.
Der einstige Westernheld Clint Eastwood als Astronaut – das muss man gesehen haben! Der talentierte Schauspieler zeigt sich hier als Doppeltalent – als einer der *Space Cowboys* und hinter der Kamera als Regisseur, der auch das SF-Genre glänzend bedient.

2005 ca.

WISE, ROBERT (USA 1951)
Der Tag, an dem die Erde stillstand
Mitten in Washington DC landet ein Ufo von einem fernen Planeten. Der außerirdische Abgesandte Klaatu (Michael Rennie) wird begleitet von einem großen Roboter mit unvorstellbarer Kampfkraft. Klatto kommt in friedlicher Absicht – aber zuerst muss er die verfeindeten irdischen Großmächte durch eine gewaltige Machtdemonstration von der Sinnlosigkeit gewalttätiger Auseinandersetzung überzeugen.
Der Film (1951 gedreht, auf einem Höhepunkt des Kalten Krieges!) spielt Ende der 50er Jahre – aber er ist auch im Jahr 2004 noch aktuell bzw. weist in die Zukunft.

2008 ca.
Reiner, Rob (USA 1995)
Hallo, Mr. President
Der verwitwete US-Präsident (Michael Douglas) tut sich schwer, eine neue Partnerin zu finden. Bis er der blitzgescheiten Powerfrau (Annette Bening) begegnet, die für die Umweltschützer aktiv ist und zudem noch einen glanzvollen Abschluss an der Stanford Universität vorzuweisen hat.
Außer den beiden Hauptdarstellern brillieren noch Michael J. Fox und Martin Sheen – und der Regisseur Rob Reiner.
(Dies ist nur einer von mehr als einem Dutzend Filmen über einen US-Präsidenten – immerhin der jeweils mächtigste Mann der Welt und entsprechend unter Hochbegabten-»Verdacht«.)

2010 ca.
Donner, Richard (USA 1978)
Superman I
Der Alien vom fernen Planeten Krypton setzt seine übermenschlichen Kräfte und seinen weit überlegenen Superverstand immer wieder ein, um Erdenbewohner aus schlimmen Katastrophen zu retten.
Interessanter als seine (im naturwissenschaftlichen Sinn) oft haarsträubend unsinnigen Abenteuer ist seine zweite Identität, die ihm als Tarnung dient: Der Reporter Clark Kent, der im ständigen Wettbewerb mit der klugen und gewitzten Starreporterin Lois Lane beweisen muss, dass er auch mit ganz menschlichen Qualitäten glänzen kann: als Reporter und Schreiber.
Dass Lois in Superman verliebt ist und Kent (Superman) in sie – und dass beide unendliche lange Zeit nicht zusammenkommen – ist der »running gag« auch in der Fernseh-Serie um diese Figuren. (Wobei man sich fragen muss, wie dämlich beziehungsweise neurotisch eine hochbegabte Frau eigentlich sein muss, um die Tarnung ihres verehrten Helden nicht zu durchschauen ...)

2010 ca.
ZEMECKIS, ROBERT (USA 1997)
Contact
JODIE FOSTER spielt eine Astronomin, die besessen ist von der Idee, mit einer außerirdischen Zivilisation Kontakt aufzunehmen. Dies gelingt, und sie macht sich schließlich selbst auf die Reise zu einem fernen Planeten in einer Art Raumschiff, das nach dem übermittelten Bauplan jener exotischen Sternen-Zivilisation gebaut wird.
Der Film lebt nicht zuletzt vom überzeugenden Spiel der Hauptdarstellerin, der es gelingt, eine von ihrer Vision faszinierten Wissenschaftlerin darzustellen, ohne dass die Handlung in die bei SF-Filmen so häufige Freund-Feind-*Action* abgleitet.

2010 ca.
Roeg, Nicolas (England 1975)
Der Mann, der vom Himmel fiel
David Bowie spielt einen zum Gruseln echt wirkenden Alien. So könnte man sich fühlen als einziger seiner Art in einer fremden Welt. Er ist intelligenzmäßig den Erdenmenschen weit überlegen, verschafft sich nach seiner Landung durch eine Reihe sensationeller Patente viel Geld – scheitert aber an der Mentalität der geldbesessenen Erdbewohner.

2010 ca.
Raimi, Sam (USA 2002)
Spiderman
Peter Parker ist ein normaler Junge (allerdings ungewöhnlich neugierig und wissenschaftlich interessiert) – bis ihn eine mutierte Spinne beißt und er zum Spiderman wird. Gut gemachter Film (wenn auch die Story hanebüchener Unsinn ist und der ganze Plot ein einziges Plagiat des Vorbilds Superman: Geheimidentität, Kostüm, Heldenpose, distanzierte Beziehung zur geliebten Frau, potenter Super-Gegner).
Held wie Antagonist sind Hochbegabte. Von Peter Parker heißt es schon am Anfang, er sei »... ein Wissenschaftsgenie« (so Dr. Gordon, sein späterer Widersacher). Ein andermal: »Du bist wirklich außergewöhnlich.«

2010 ca.
Lederer, Mimi (USA, 1998)
Deep Impact
Ein gigantischer Komet nähert sich auf Kollisionskurs der Erde. Wie schon einmal, vor 65 Millionen Jahren bei der Vernichtung der Saurier, ist ein großer Teil des Lebens auf der Erde bedroht.
Eine Million Amerikaner soll in unterirdischen Bunkern gerettet werden – davon rund 800 000 Ausgewählte (überwiegend Angehörige der Eliten, also Hochbegabte) und 200 000 per Zufall anhand der Sozialversicherungsnummer Ausgeloste. Deutlicher kann man die Rolle der Hochbegabten in der modernen Welt nicht sichtbar machen.
(Dieses Losverfahren mit der Bevorzugung Hochbegabter ist typisch für SF-Filme über apokalyptische Katastrophen dieser Art!)

2015 ca.
Nelson, Ralph (USA 1967)
Charly
1959 veröffentlicht Daniel Keyes in einem amerikanischen SF-Magazin die tragische Geschichte des schwachsinnigen Charly Gordon (IQ etwa 50), der durch eine Gehirnoperation für kurze Zeit zum Genie wird – und wieder in den Schwachsinn zurücksinkt. Aus der Story »Flowers for Algernon« wurde 1996 ein beachtlich guter und erfolgreicher Roman gleichen Titels, den wiederum Ralph Nelson verfilmte, nun mit dem Titel *Charly*. Cliff Robertson bekam für die Rolle des Charly einen Oscar; Ravi Shankar schuf die Musik.

Die Filmkritiker ordneten das Werk überwiegend als »sentimentale Edelschnulze von kunstgewerblicher Machart« ein. Auch hält der Plot dieser Gehirn*veredelung* weder medizinischen noch psychologischen Kriterien stand. Aber vor allem die Buchfassung stimmt nachdenklich, weil sie die Grenzen und die Abscheulichkeit solcher Experimente klar herausarbeitet.
(M. Elliott-Gardner hat 2004 den Roman sogar als eindrucksvolles Theaterstück auf die Bühne gestellt – man sieht daran, dass der Stoff die Gemüter immer noch bewegt.)

2020 ca.
Singer, Bryan (USA 2000)
X-Men
Eine neue Rasse superbegabter Mutanten gerät in Konflikt mit den *Normalen*. Auch unter den X-Men entstehen gefährliche Spannungen, denn eine ihrer Fraktionen sucht versöhnlich den Ausgleich mit den Normalen, während die andere Fraktion sie dominieren und schließlich vernichten möchte.

2050 ca.
Spottiswoode, Roger **(USA 2000)**
The Sixth Day
Hubschrauberpilot und Familienvater Adam Gibson entdeckt, dass er heimlich geklont wurde. Der übliche Schwarzenegger-Kampf gegen das Böse beginnt. Aber unter der Oberfläche der spannenden *Action* spürt man ein drängendes Thema der Moderne: Darf man mit dem Menschen (und seinem Erbgut) alles machen, was machbar ist? Der Gegenspieler ist entsprechend der typische *mad scientist*, der über Leichen geht und erst im letzten Moment von seinem Opfer Gibson neutralisiert werden kann. Zu positiv, um wahr zu sein?

2100 ca.
Niccol, Andrew (England 1997)
Gattaca
Eine nicht zu ferne Zukunft wird geschildert, in der nur noch Menschen mit makellosem Erbgut eine Chance haben. Der Gentest gleich nach der Geburt bestimmt darüber, ob jemand ins Massenheer der billigen Arbeitskräfte ohne jede Aufstiegschance abgeschoben wird – oder nach Kräften gefördert wird.
Ein heikles und heißes Thema, seit die Diskussionen über die Manipulation des Erbguts und das Klonen von Menschen die wissenschaftlichen Kongresse verlassen haben und zum Thema von Börsenspekulanten und Massenmedien geworden sind.
Der Abspann der DVD weist darauf hin, dass gerade ungewöhnlich kreative Menschen – wie Vincent van Gogh und Stephen Hawking – durch solche Tests aussortiert worden wären und ihre Kreativität nie hätten entfalten können.

2100 ca.
WACHOWSKY BROTHERS (USA 1999)
Matrix
Die von den Menschen selbst gebauten Computer entwickeln künstliches Bewusstsein und machen sich selbständig. Die Menschen werden unterjocht und als Energiequelle ausgenützt; einigen gelingt jedoch die Flucht. Sie formieren sich zum Widerstand und setzen alle Hoffnungen auf den Computerspezialisten Neo – eine Art genialer Messias der Zukunft.
(Die drei Matrix-Filme gehören zu den erfolgreichsten Produkten der Filmgeschichte. Ist dies nur der spannenden Handlung mit ihren verblüffenden Computer-Tricks zu verdanken – oder auch ein Hinweis darauf, dass die Thematik einer möglichen Überlegenheit kommender künstlicher Intelligenz die Menschen beunruhigt?)

2150 ca.
TARKOWSKIJ, ANDREJ (Russland 1972)
Solaris
(s. unten → Soderbergh 2002)

2150 ca.
Soderbergh, Steven (USA 2002)
Solaris
Der Psychotherapeut Chris Kelvin begibt sich an Bord einer Raumstation, die um den fernen Planeten Solaris kreist. Er macht dies, weil dort ein Freund von ihm in Nöten ist. Geheimnisvolle Dinge geschehen, die offenbar mit einer planetaren Intelligenz zusammenhängen: Es ist, als würde dieses rätselhafte Geschöpf die tiefsten persönlichen Geheimnisse der Menschen auf der Station nicht nur ins Bewusstsein holen, sondern als reale Personen manifestieren. So geschieht es zu seinem Schrecken Kelvin – dem seine Frau begegnet und immer mehr bedrängt, die sich vor Jahren auf der Erde das Leben genommen hatte.

2257
WILCOX, FRED MCLEOD (USA 1965)
Forbidden Planet (Alarm im Weltall)
Dr. Moebius hat auf einem fernen Planeten die Reste einer uralten Zivilisation entdeckt, die den Erdenmenschen eine Million Jahre voraus ist. Ein militärisches Raumschiff unter Commander Adams landet und will nach dem Rechten sehen. Es kommt zu schrecklichen Ereignissen, als sich eine noch immer existente geistige Energie der verschollenen Kelp-Ureinwohner manifestiert. Wie im Film betont wird, hat Moebius einen IQ von »183« – Commander Adams einen von »161«. Durch eine Maschine der Kelp wird dieses Potenzial noch um ein Mehrfaches gesteigert.
Dies war der erste wirklich ernst zu nehmende SF-Film der Nachkriegszeit; er orientiert sich an Motiven von William Shakespeares Drama *Der Sturm*.

2292
Boorman, John (England 1974)
Zardoz

»Man schreibt das Jahr 2292. Die Erde besteht aus zwei Teilen: einem perfekten Utopia, in dem die intellektuelle Elite lebt, und den verödeten Außenländern, wo Sklaven unter barbarischen Umständen gehalten werden.«

Die Unterdrückten begehren unter der Führung von ZED (Sean Connery) gegen ihre Herren auf, deren Allmacht sich immer zur Erntezeit in der rätselhaften Gestalt des fliegenden Gottes ZARDOZ manifestiert.

(Sehr aufschlussreich ist der laufende Kommentar des Regisseurs Boorman auf der DVD, der zugleich das Drehbuch verfasst hat.)

Bibliografie

Für diese Lesetipps gilt grundsätzlich: Bücher haben heutzutage im Handel eine Lebensdauer von etwa zwei Jahren, manchmal sogar noch weniger. Was es dann in den Buchhandlungen nicht mehr gibt, hat manchmal der Verlag noch als Restposten; oder man wird fündig im Internet (z.B. bei *www.abebooks.de*). In der Regel sind die von mir genannten Titel, auch wenn schon älter, in guten Bibliotheken auszuleihen.
Nach dem Titel finden Sie gelegentlich eine Jahreszahl in Klammern. Diese gibt an, wann das Werk erstmals veröffentlicht wurde; daraus lassen sich interessante Rückschlüsse auf die Entstehungszeit und die anhaltende Aktualität des behandelten Themas ziehen. Beispiel:
SHELLEY, MARY WOLLSTONECRAFT: *Frankenstein oder Der neue Prometheus*. (London 1818) München 1980 (dtv).

ALDISS, BRIAN: *Tod im Staub*. (1965). München 1983 (Heyne)
ders.: *Heresies of the Huge God*, in: *Galaxy* 1966. Dt.: Ketzereien über den Gewaltigen Gott, in: vom Scheidt 1970
ders.: *Science Fiction Blues*. London 2000 (Avernus)
ders.: *Supertoys Last All Summer Long*. Kurzgeschichte, in: Aldiss: *Supertoys Last All Summer Long* (Collection). London 2001 (Orbit Books)
ders.: *Bury my Heart at W. H. Smith's*. London 1990 (Hodder & Stoughton)
ALDISS, BRIAN/WINGROVE, DAVID: *Der Milliarden-Jahr-Traum*. (1973/1986). Bergisch-Gladbach 1990 (Bastei Lübbe)
ASIMOV, ISAAC: *Das Wissen unserer Welt*. (1989). München 1991 (C. Bertelsmann)
BINNIG, GERD: *Aus dem Nichts. Über die Kreativität von Natur und Mensch*. München. 1989 (Piper)
BINNIG, GERD: *Interview mit G.B.*, in: Scheidt 1990
BODSCH, INGRID/BIBA, OTTO/FUCHS, INGRID: *Beethoven und andere Wunderkinder* (Ausstellungskatalog). Bonn 2003 (StadtMuseum)
BRADBURY, RAY: »Ikaros Montgolfier Wright«, in: *The Magazine of Fantasy and Science Fiction*. New York 1956
BREWER, GENE: *K-PAX*. (1995). London 1996 (Bloomsbury)
BROCKMAN, JOHN (Hrsg.): *Die dritte Kultur*. (1995). München 1996 (Beck)
BRUNNER, HELLMUT: *Altägyptische Erziehung* (enthält den »Papyrus Lansing«). Wiesbaden 1957 (Harrasowitz)
BUZAN, TONY: *Kopf-Training*. (1974). München 1984 (Goldmann TB)
BUZAN, TONY/BUZAN, BARRY: *Das MindMap Buch*. (1993). Landsberg 1996 (mvg)

CAMPBELL, JOSEPH: *Der Heros in 1000 Gestalten.* (1949). Frankfurt am Main 1999 (Insel)

CARROLL, LEE/TOBER, JAN: *Die Indigo-Kinder.* (1999). Burgrain 2001 (KOHA Verlag)

CHAPUIS, FÉRDY: *Labyrinth-Test.* Stuttgart/Bern 1959 (Huber)

CLAIBURNE, ROBERT: *Die Erfindung der Schrift.* (1974). Amsterdam 1975 (Time Life)

COHN, RUTH: *Von der Psychoanalyse zur Themenzentrierten Interaktion.* Stuttgart 1973 (Klett)

COHN, RUTH C./FARAU, ALFRED: *Gelebte Geschichte der Psychotherapie. Zwei Perspektiven.* Stuttgart 1984 (Klett Cotta)

CSIKSZENTMIHALYI, MIHALY: *Kreativität.* (1996). Stuttgart 1997 (Klett-Cotta)

DÄNIKEN, ERICH VON: *Erinnerungen an die Zukunft.* Düsseldorf 1968 (Econ)

DICK, PHILIP K.: *Solar Lottery.* (1955). Dt.: Hauptgewinn: Die Erde. München 1971 (Goldmann)

ders.: *Do Androids dream of electric Sheep?* (Vorlage zum Film *Blade Runner*). (1968). Dt.: Träumen Roboter von elektrischen Schafen? Düsseldorf 1969 (Marion von Schröder)

EINSTEIN, ALBERT und SIGMUND FREUD: *Warum Krieg? (1939)* ZÜRICH 1990 (Diogenes)

EISSLER, KURT R.: *Goethe – A psychoanalytic Study.* (1963). Dt.: Goethe. Eine psychoanalytische Studie. Frankfurt am Main 1986 (Stroemfeld)

ders.: *Leonardo da Vinci: Psychoanalytic Notes on the Enigma.* (1961). Dt.: Leonardo da Vinci. Psychoanalytische Notizen zu einem Rätsel. Frankfurt am Main 1992 (Stroemfeld)

ders.: *Talent and Genius – the fictitious Case of Tausk contra Freud.* New York 1971 (Quadrangle Press)

ELBING, EBERHARD: *Hochbegabte Kinder - Strategien für die Elternberatung.* München 2000 (Ernst Reinhardt)

ESCHBACH, ANDREAS: *Eine Billion Dollar.* Bergisch-Gladbach [12]2001 (Lübbe)

ders.: *Das Jesus-Video.* (1998). Bergisch-Gladbach 2001 (Bastei-Lübbe)

FEST, JOACHIM C.: *Hitler - eine Karriere.* Frankfurt am Main 1977 (Ullstein)

FISCHER, ERNST PETER: *Einstein & Co.* (1995). München 1997 (Piper)

FREUD, SIGMUND: *Die Zukunft einer Illusion.* (1927), in: *Gesammelte Werke* Bd. XIV, Frankfurt am Main [4]1968 (S. Fischer)

ders.: *Das Unbehagen in der Kultur.* (1930), in: *Gesammelte Werke* Bd. XIV, Frankfurt am Main [4]1968 (S. Fischer)

ders.: *Der Mann Moses und die monotheistische Religion.* (1939), in: Gesammelte Werke Bd. XVI, Frankfurt am Main [3]1968 (S. Fischer)

FÖLSING, ULLA: *Geniale Beziehungen. Berühmte Paare in der Wissenschaft.* München 1999 (C.H. Beck)

FROBENIUS, LEO: *Das Zeitalter des Sonnengottes* (1904)

FRÖHLICH, GERHARD: »Betrug und Täuschung in den Sozial- und Kulturwissenschaften«, in: Hug, Theo (Hrsg.): *Wie kommt Wissenschaft zu Wissen?* Hohengehren 2003 (Schneider)

GADOW, GERHARD: *Erinnerungen an die Wirklichkeit – Erich von Däniken und seine Quellen.* Frankfurt am Main 1971 (Fischer TB)

GALLE, HEINZ J.: *Sun Koh – der Erbe von Atlantis und andere deutsche Supermänner.* Zürich 2003 (SSI)

GALLEY, NIELS UND LARS GALLEY: »Fixation duration and saccatic latencies as indicators of mental speed.« In: *Personality Psychology in Europe.* Vol. 7/1999

GERNSBACK, HUGO: *RALPH 124C 41+.* (1911). Dt.: München 1973 (Heyne)

GIBSON, WILLIAM: *Neuromancer.* (1984). München 1987 (Heyne)

GOETHE, JOHANN WOLFGANG VON: *West-östlicher Divan.* (1819). Weimar ⁸1981 (Goethe- und Schiller-Archiv)

GROSSARTH-MATICEK, RONALD: *Krankheit als Biografie. Ein medizinsoziologisches Modell der Krebsentstehung und -therapie.* Köln 1979 (Kiepenheuer & Witsch)

GUILKFORD, J. P.: »Creativity«, in: *American Psychologist.* Mai 1950

HAFFNER, PETER: *Die fixe Idee. 13 Genies und ihre Spleens.* (1996). München 1999 (dtv)

HALLOWELL, EDWARD/RATEY, JOHN: *Zwanghaft zerstreut.* (1994). Reinbek 1999 (Rowohlt)

HARTMANN, MICHAEL: *Der Mythos von den Leistungseliten.* Frankfurt am Main 2002 (Campus)

HAWKING, STEPHEN: *Das Universum in der Nussschale.* Hamburg 2001 (Hoffmann & Campe)

HAYTER, ALETHEA: *Opium and the Romantic Imagination.* New York 1988 (HarperCollins)

HELLER, KURT A.: *Hochbegabung im Kindes- und Jugendalter.* (1991). 2. überarb. und erw. Aufl. Göttingen 2001 (Hogrefe)

HEINL, PETER: *Maikäfer flieg, dein Vater ist im Krieg.* (1994). München ³2003 (Kösel)

HERAKLIT: *Fragmente.* München 1965 (Heimeran: Tusculum)

HEUSER, HARRO: »Heraklit von Ephesos«, in: Heuser: *Als die Götter lachen lernten.* (1992). München 1997 (Piper)

HOFFMANN, PAUL: *Der Mann, der die Zahlen liebte.* (The Man who loved only Numbers.) (1998). München 2000 (Econ)

HOFSTÄTTER PETER R.: *Lexikon Psychologie.* Frankfurt am Main 1957 (Fischer TB)

HOLTEY-GILCHER, INGRID: *Die 68er Bewegung.* München 2001 (C.H. Beck)

HUNTINGTON, SAMUEL P.: *Clash of Civilizations*. (1996). Dt.: *Kampf der Kulturen*. München/Wien 1996 (Europaverlag)

HUXLEY, ALDOUS: *Brave New World*. (1932). Dt.: *Schöne Neue Welt*. Frankfurt am Main 1953 (S. Fischer)

ders.: *The Genius and the Goddess*. (1955). Dt.: *Das Genie und die Göttin*. Frankfurt am Main 1958 (S. Fischer)

JUNG, C. G.: *Symbole und Wandlungen der Libido*. (1911), in: *Gesammelte Werke* Bd. 5, Olten 1973 (Walter)

KERN, HERMANN: *Labyrinthe – Erscheinungsformen und Deutungen. 5000 Jahre Gegenwart eines Urbilds*. München 1982 (Prestel)

KEYES, DANIEL: *Flowers for Algernon*. (1966). München 1970 (Nymphenburger Verlag)

ders.: *Die Leben des Billy Milligan*. (1981). München 1985 (Heyne)

KHUON, ERNST VON (Hrsg.): *Waren die Götter Astronauten? Wissenschaftler diskutieren die Thesen Erich von Dänikens*. (1970). München 1972 (Knaur TB)

KLEIN, RICHARD: »Nicht von dieser Welt«, zit. nach *Süddeutsche Zeitung* vom 8. April 2003

KLEIST, HEINRICH VON: »Über die allmähliche Verfertigung der Gedanken beim Reden« (1805/06), in: von Kleist: *Über das Marionettentheater*. Reinbek 1964 (Rowohlt Klassiker)

KUHN, THOMAS: *Die Struktur wissenschaftlicher Revolutionen*. (1962). Frankfurt a.M. 1973 (Suhrkamp)

KUNZE, ROLF-ULRICH: *Die Studienstiftung des deutschen Volkes 1925 bis heute. Zur Geschichte der Hochbegabten-Förderung in Deutschland*. Berlin 2001 (Akademie)

KURZWEIL, RAY: *Homo s@piens*. (1999). Dt.: München 1999 (Econ)

LEM STANISLAW: *Solaris*. (1962). Hamburg/Düsseldorf 1972 (Marion von Schröder)

MARLAND, S. P.: zit. nach Rost 1988, S. 294

MEADOWS, DENNIS: *Der Club of Rome*. Reinbek 1972 (Rowohlt)

MEISSNER, TONI: *Wunderkinder. Schicksal und Chance Hochbegabter*. (1991). München 1993 (dtv)

MILLER, ALICE: *Das Drama des begabten Kindes und die Suche nach dem wahren Selbst*. Frankfurt am Main 1979 (Suhrkamp)

MURRAY, CHARLES: *Human Accomplishment. The Pursuit of Excellence in the Arts and Sciences, 800 B.C. to 1950*. New York 2003 (HarperCollins)

MURRAY, CHARLES/HERRNSTEIN, RICHARD J.: *The Bell Curve*. New York 1994 (Free Press)

MYLER, LOK (= Paul Alfred Müller-Murnau): *Sun Koh – der Erbe von Atlantis*. (Leipzig 1933–1936). Liebhaber-Neuausgabe Zürich 2004 (SSI) (auch → Galle, Heinz J.)

NEUMANN, ERICH: *Ursprungsgeschichte.* Zürich 1949 (Rascher)
ders.: *Kunst und das schöpferische Unbewusste.* Zürich 1954 (Rascher)
NEUNZIG, HANS A.: *Genius trifft Genius. 20 Doppelportraits.* München 2002 (C.H. Beck)
PESTEL, EDUARD, zit. nach Meadows 1972
PLOMIN, ROBERT: »Ich suche nur IQ-Gene«, zit. nach *Focus* Nr. 2 vom 5. Januar 2004
PUTTKAMER, JESCO VON: *Jahrtausendprojekt Mars.* München 1996 (Langen Müller)
RHEINZ, HANNA: *Der unaufhaltsame Aufstieg der Top Ten.* In: SÜDDEUTSCHE ZEITUNG vom 16. April 1994
RICO, GABRIELE: *Writing the natural Way.* (1973). Dt.: Garantiert schreiben lernen. Hamburg 1984 (Rowohlt)
ROST, DETLEV H. (Hrsg.): *Hochbegabte und hochleistende Jugendliche.* Münster 2000 (Waxmann)
ROWLING, JOANNE KATHLEEN: *Harry Potter und der Stein der Weisen.* (1997). Hamburg 1998 (Carlsen)
SACKS, OLIVER: »Die Zwillinge«, in: Sacks: *Der Mann, der seine Frau mit einem Hut verwechselte.* (1987). Reinbek 1989 (Rowohlt TB)
SCHEIDT, JÜRGEN VOM (Hrsg.): *Das Monster im Park.* München 1970 (Nymphenburger Verlag)
ders.: *Freud und das Kokain.* München 1973 (Kindler)
ders.: *Geheimnis der Träume.* (1985). Dritte überarb. Ausg. Landsberg am Lech 1999 (mvg)
ders.: *Kreatives Schreiben.* (1989). Dritte überarb. Ausg. Frankfurt am Main 2003 (Fischer TB)
ders.: *Konzepte für die Zukunft.* Landsberg 1990 (bonn aktuell)
ders.: *Das Drama der Hochbegabten.* München 2004 (Kösel)
SCHENKEL, ELMAR: *H. G. Wells. Der Prophet im Labyrinth.* Wien 2002 (Zsolnay)
SCHMIDBAUER, WOLFGANG/VOM SCHEIDT, JÜRGEN: *Handbuch der Rauschdrogen.* (1971). Elfte überarb. Ausg. München 2003 (Nymphenburger Verlag)
SCHMITZ, ANTJE DAGMAR: *Handbuch des Kreativen Schreibens für den Unterricht in der Sekundarstufe I.* Donauwörth 2001 (Auer)
SCHREIBER, FLORA RHETA: *Sybil.* München 1973 (Kindler)
SCHMÖKEL, HARTMUT: *Das Gilgamesch-Epos.* (1966). Stuttgart ^{8}1992 (Kohlhammer)
SCHNEIDER, ROBERT: *Schlafes Bruder.* Leipzig 1992 (Reclam)
SEIBT, GUSTAV: »*Revolution von oben*«. In: SÜDDEUTSCHE ZEITUNG vom 2. Juli 2003 (Rezension im Feuilleton)
SHELLEY, MARY WOLLSTONECRAFT: *Frankenstein oder Der neue Prometheus.* (London 1818). München 1980 (dtv)

SINGH, SIMON: *Fermats letzter Satz.* (1997). München 1998 (Hanser)
SNOW, C. P.: *Die zwei Kulturen. Literarische und naturwissenschaftliche Intelligenz.* (1959). München 1987 (dtv)
SOLMS, MARK: »*Was bleibt von Freud?*«. Interview in: *Spiegel* SPEZIAL Nr. 4/2003, S. 60–62
SOROS, GEORGE: *Die Alchemie der Finanzen.* (1988). Kulmbach 1998 (Förtsch)
ders.: *Soros über Soros.* (1995). Frankfurt am Main 1996 (Eichborn)
STAPF, AIGA.: *Hochbegabte Kinder: Persönlichkeit, Entwicklung, Förderung.* München 2003 (C. H. Beck)
STAPLEDON, OLAF: *Last and first Men.* (1930). Dt.: Die letzten und die ersten Menschen. Eine Geschichte der nahen und fernen Zukunft. München 1983 (Heyne)
STORR, ANTHONY: *The Dynamics of Creation.* London 1972 (Penguin Books)
ders.: *The School of Genius.* (1988). Dt.: Die schöpferische Einsamkeit. Wien 1990 (Paul Zsolnay)
SUTIN, LAWRENCE: *Philip K. Dick: Göttliche Überfälle.* (1989). Frankfurt am Main 1994 (Frankfurter Verlagsanstalt)
SYED, RENATE, zit. nach *Spiegel* Nr. 18/2002: »Sandkastenspiele der Könige«.
VOGLER, CHRISTOPHER: *The Writer's Journey.* (1997). Dt.: Die Odyssee des Drehbuchschreibens. Frankfurt am Main 1998 (Zweitausendeins)
VOGT, A. E. VAN: *Welt der Null-A.* (1945): Balve 1958 (Zimmermann)
WASSON, GORDON / RUCK, CARL / HOFMANN, ALBERT: *Der Weg nach Eleusis. Das Geheimnis der Mysterien.* Frankfurt am Main 1984 (Insel)
WIENER, NORBERT: *Kybernetik.* (1948). Frankfurt am Main 1963 (S. Fischer)
Ders.: *Mathematik – mein Leben.* (1956). Frankfurt am Main 1965 (Fischer TB)
WINNER, ELLEN: *Hochbegabte. Mythos und Realität von hochbegabten Kindern.* Stuttgart 1998 (Klett-Cotta)

Personen-Register

(Kursiv gedruckte Namen gehören zu fiktiven Personen aus Romanen etc.)

Abel (biblische Figur) 21
Abälard 38, 40, 145
Abagnale, Frank 149
Alder, Elias →Schneider, Robert 49, 148
Aldiss, Brian 26, 47, 50, 75, 79, 93, 95, 164
Aldrin, Edward 78
d'Alembert, Jean-Baptiste 46
Alexander der Große 35
Allen, Woody 153
Amthauer, Rudolf 71
Anderson, Paul Thomas 155
Anderson, Wes 154, 157
Annaud, Jean-Jacques 146
Apuleus 28
Areka, Abba 37
Ariadne (mythische Figur der Labyrinth-Sage) 9, 25, 30, 37, 105
Aristoteles 8, 34, 44, 48 f., 74
Armstrong, Neil 78
Ashoka (indischer Kaiser) 33 f., 60
Asimov, Isaac 17, 67, 69, 84, 164
Asklepios (mythischer griechischer Arzt) 22
Assurbanipal von Ninive 27, 32
Atatürk →Mustafa, Kemal »Atatürk« 34, 60
Attenborrough, Richard 148
Auel, Jean M. 69
Augustus (römischer Kaiser) 21, 27, 35, 142
Aurel, Marc →Marcus Aurelius 147

Babbage, Charles 51
Becher, Johannes R. 131
Becker, Harold 153
Beethoven, Ludwig van 97, 164
Biba, Otto 164
Biedermann, (?) 125, 128
Binet, Alfred 50, 57
Binnig, Gerd 85, 164

Bismarck, Otto von 122
Blish, James 75
Bodsch, Ingrid 98, 164
Börne, Ludwig 51, 54
Bond James →James Bond 150
Bondy, Curt 67, 71 f.
Bora, Katharina von 42
Bowie, David 153, 160
Boyle, T.C. 66
Brannagh, Kenneth 148
Breton, André 60, 62
Breuer, Josef 54
Brewer, Gene 88, 95, 157, 164
Brockman, John 88, 164
Brunner, Hellmut 28, 164
Buddha 33
Burt, Cyril 80
Bush, George W. (US-Präsident) 112, 115, 118, 131
Buzan, Barry 164
Buzan, Tony 79, 164
Byron, George Gordon Noel 50 f.

Čapek, Karel 29, 61 f.
Campbell, Joseph 57, 70, 142, 165
Card, Orson Scott 77
Carroll, Lee 92, 165
Chapuis, Férdy 73, 165
Charcot, Jean Pierre 52
Charly 74, 160
Cheops (ägyptischer Pharao) 27
Chruschtschow, Nikita Sergejewitsch 130, 150
Claiburne, Robert 165
Clooney, George 96
Cohn, Ruth C. 76, 144, 165
Collins, Henry 80
Columbus, Chris 158
Commodus (römischer Kaiser) 147
Conan 146 f.
Connery, Sean 156, 163

Coolidge, Martha 152
Crick, Francis 71
Crowe, Cameron 151
Csikszentmihalyi, Mihaly 89, 165
Curie, Irène 56
Curie, Marie 56, 66

Daidalos (mythische Figur der Labyrinth-Sage) 26, 29, 37, 142
Däniken, Erich von 20, 77, 89, 165–167
Damon, Matt 154 f.
Darwin, Charles 51
Demeter (griechische Göttin) 28
Dick, Philip K. 68, 72, 86, 102, 165, 169
Diderot, Denis 46
Dionysos (griechischer Gott) 30
Djoser (ägyptischer Pharao) 26
Donaldson, Roger 150
Donner, Richard 159
Dost, Bernd 96
Douglas, Michael 92, 152, 157, 159
Dujardin, Édouard 53

Eastwood, Clint 158
Echnaton 30
Einstein, Albert 2, 8 f., 13, 19, 36, 39, 41, 44, 51, 59, 65, 71, 88 f., 91, 100, 145, 149, 165
Eissler, Kurt R. 75, 78, 165
Elbing, Eberhard 92, 165
Emile →Rousseau 47
Erasmus von Rotterdam 9, 34, 41 f., 44, 60
Erdös, Paul 39, 44, 58, 88 f.
Eschbach, Andreas 94, 100, 132 f., 165
Esquirol, Jean Etienne 50
Europa (mythische Prinzessin) 29, 142
Evans, Arthur 55
Eysenck, Hans Jürgen 71

Fabricius, Johannes 42
Farau, Alfred 165
Faust, Dr. Heinrich 44, 49, 147
Fermat, Pierre de 39, 44, 88, 90, 168
Fest, Joachim C. 149, 165
Fincher, David 153
Fischer, Ernst Peter 59, 66, 165
Fölsing, Ulla 92, 95, 166
Fontanelli, John 95
Forman, Milos 147
Foster, Jodie 84, 86, 90, 146, 152, 159

France, Anatol 49
Franke, Herbert W. 95
Frankenstein, Dr. Victor 9, 26, 50, 62, 79, 133, 148, 164, 168
Franklin, Rosalind 71
Freud, Sigmund 2, 8 f., 33 f., 36, 41, 46, 51–55, 57, 60, 63, 65, 75, 78 f., 80, 89, 91, 98, 100, 143, 165, 168
Frick, Klaus N. 100, 132 f.
Frobenius, Leo 57, 166
Fröhlich, Gerhard 80, 166
Fuchs, Ingrid 164
Fu-Hsi (chinesischer Kaiser) 22–24, 26
Fuller, Richard Buckminster 69

Gadow, Gerhard 77, 166
Gall, Franz Joseph 49
Galle, Heinz J. 64, 166 f.
Galley, Niels 91, 166
Galton, Francis 50–53
Gauß, Carl Friedrich 39, 44, 49, 58 f., 88, 90, 143
Gandhi, Mohandas Karamchand (gen. Mahatma) 148
Gernsback, Hugo 52, 57, 166
Gibson, William 84, 166
Gideon (biblische Gestalt) 31
Gilgamesch (mythischer Held in Mesopotamien) 24 f., 27, 35, 105, 168
Goddard, Henry 58
Goethe, Johann Wolfgang von 7, 44, 49, 52, 75, 103, 165 f.
Gogh, Vincent van 161
Goldsworthy, Andy 157
Gordon, Charly →*Charly* 74, 160
Gorski, Peter 147
Gould, Stephen Jay 82
Gregor VII. (Papst) 39
Grossarth-Maticek, Ronald 93, 166
Gründgens, Gustav 147
Gudea von Lagasch 28
Gutenberg, Johannes 41, 46

Haffner, Peter 89, 141, 166
Hahn, Otto 66
Hallowell, Edward 87, 166
Hamlet 43
Hammurabi von Babylon 29
Hann-Byrd, Adam 86
Hanson, Curtis 157
Harry Potter →*Potter, Harry* 90, 97, 158, 168

Hartmann, Michael 95, 166
Hates, Harry 71
Hawking, Stephen 94, 161, 166
Hayter, Alethea 166, 76
Hearst, William Randoplh 149
Heinrich von Ofterdingen (→Novalis) 48
Heinl, Peter 116 f., 166
Heinrich der Löwe 121
Heisenberg, Werner 66
Heller, Kurt A. 70, 83, 86, 89, 93, 166
Henson, Jim 153
Herakles 14
Heraklitos (Heraklit von Ephesos) 20, 32 f.
Herodot 33
Herrendörfer, Christian 149
Herrnstein, Richard J. 36, 82, 87, 91, 167
Hertel, Anna Elisabetha 122
Hertel, Balthasar Elias 122
Hertel, Betty 127
Hertel, Georg Adam 120, 122 f.
Hertel, Heinz 127
Hertel, Karl Eduard 122
Hertel, Peter 121
Hertrich, Alfred 112
Hess, Rudolf 125
Heuser, Harro 166
Highsmith, Patricia 155
Himmler, Heinrich 65
Hitler, Adolf 35, 65, 94, 124–128, 144, 149, 165
Hoffmann, Paul 166
Hofmann, Albert 28, 169
Hofstätter, Peter R. 31, 70, 166
Holk, Freder van →Müller-Murnau, Paul Afred 65
Holtey-Gilcher, Ingrid 76, 166
Homer 32
Howard, Ron 152
Huarte, Joan 43
Hugo (Preis für SF-Autoren) →Gernsback, Hugo 57
Huntington, Samuel P. 38, 89, 167
Hussein, Saddam 131
Huxley, Aldous 61, 64, 72, 167

Ikaros (mythische Figur der Labyrinth-Sage) 26, 37, 142
Imhotep 26 f., 30, 35, 142
Irving, John 66

James Bond 150
Jensen, Arthur 82, 91
Jeschke, Wolfgang 95
Jesus von Nazareth 27, 35
Jewison, Norman 151
Jim Parker 112
Jörgensbaus, Paul 121
Joliot, Frédéric 56
Joseph (biblischer Traumdeuter) 37
Jung, Carl Gustav 57, 70, 72, 167

Kaige, Chen 95
Kain (biblische Figur) 21, 23
Kallikak (Familie) 58
Kamper, Elke →Scheidt, Elke vom 128
Kant, Immanuel 26, 38, 40, 45, 48, 145
Karl der Große 121
Karl V. (Kaiser) 122
Kempelen, Wolfgang von 47
Kennedy, John F. 73, 130, 150
Kennedy, Robert 130, 150
Kern, Hermann 83, 167
Keyes, Daniel 74, 82, 160, 167
Khuon, Ernst von 77, 167
Klein, Richard 18, 167
Kleist, Heinrich von 19, 167
Knight, Damon 72, 77
Kohl, Helmut 131
Kolumbus, Christoph 41
Konstantin der Große 37
Kopernikus, Nikolaus 41, 43, 78
Kress, Nancy 65, 87, 93
Kropf, Betty →Hertel, Betty 120, 124
Kropf, Erhardt 122
Kropf, (Johann) Eduard 120, 123
Kubie, Lawrence 75
Kubrick, Stanley 93, 150 f.
Külpe, Oswald 58
Kuhn, Thomas 13, 59, 75, 143, 167
Kunze, Rolf-Ulrich 62, 167
Kurzweil, Ray 62, 67, 71, 92, 94, 99, 101, 167

Laden, Osama bin 94
Lange-Eichbaum, Wilhelm 61 f.
Lavater, Johann Kaspar 34, 44, 48 f., 74
Lawrence, Thomas Edward (gen. L. von Arabien) 148
Lean, David 148
Le Guin, Ursula K. 77
Lehrke, Robert 55, 90

Leibniz, Gottfried Wilhelm 39, 44–46, 48, 59, 88
Lem, Stanislaw 77, 86, 96, 167
Lenin 123
List, Friedrich 122
Lory, Peter 78
Lovelace, Ada 51, 92, 101
Lumière, Auguste und Louis 54
Luther, Martin 9, 34, 39, 41 f., 60, 100

Maartens, Henry 72
Madden, John 148
Majursky, Janusz 69
Malthus, Thomas Robert 122
Mann, Michael 156
Marland, S. P. 78, 167
Marcus Aurelius (römischer Kaiser) 147
Marx, Karl 36, 51
Matthau, Walter 149
Maximilian I. (Kaiser) 42
McQueen, Steve 151
Meadows, Dennis 167 f.
Meili, Richard 70
Meissner, Toni 86, 167
Meitner, Lise 56, 66, 70
Menes (legendärer ägyptischer Pharao) 25
Mentor (griechischer Pädagoge) 32, 72, 152, 155 f.
Milius, John 147
Miller, Alice 81, 89, 167
Milligan, Billy 82, 167
Minghella, Anthony 155
Minos (sagenhafter König von Kreta und Figur der Labyrinth-Sage) 21, 29, 37, 142
Minotauros (mythische Figur der Labyrinth-Sage) 21, 25, 37, 142
Moebius, Paul 55 f., 162
Mönks, F. J. 70
Mohammed (Prophet) 37
Montaigne, Michel de 43
Moritz, Karl Philip 47 f.
Morpheus (griechischer Gott) 24
Moses 29–31, 165
Mozart, Wolfgang Amadeus 147
Müller-Murnau, Paul Alfred 167
Murray, Charles 36, 82, 87, 91, 96, 167
Mustafa, Kemal »Atatürk« (Vater der Türken) 60
Myler, Lok (das ist Paul Alfred →Müller-Murnau) 65, 167

Nash, John 39, 44, 59, 88, 152
Naumann, Achim 126 f.
Naumann, Erich 124, 126
Naumann, Ferdinand 116 f., 120, 123 f.
Naumann, Nanni →Scheidt, Nanni vom 120, 123
Nemo → Verne, Jules 52
Neumann, Erich 72, 168
Neumann, John von 67
Neunzig, Hans A. 92, 95, 167
Neupert, Katharina →Hertel, Katharina 120, 123
Newton, Isaac 13, 46, 51, 59
Niccol, Andrew 161
Nossberger-Eidler, Friederike 73
Novalis 48
Nymgor, Bodo 114 f., 117, 119

Oates, Joyce Carol 69
O'Connor, Flannery 66
Odin (germanischer Gott) →Wotan 23 f.
Odysseus 32
Osiris (ägyptischer Gott) 26
Ötzi (Gletschermumie) 73, 86
Otto III. (Kaiser) 121

Parker, Jim →Jim Parker 112
Paulus (Apostel) 35
Perleth, Christoph 93
Perry Rhodan 100, 132
Pestel, Eduard 76, 168
Piaget, Jean 81
Platon 20 f., 33, 40, 44, 145
Plomin, Robert 99
Plutarchos 36, 55
Polidori, John 50
Porta, Giovanni Batista della 34, 44, 48 f.
Porteus, S. D. 59, 73
Poseidon 32
Potter, Harry 90, 97, 158, 168
Prometheus 14, 164, 168
Primzahlen-Zwillinge →Sacks, Oliver 39, 44, 59, 84, 88
Puttkamer, Jesco von 99, 168
Pythagoras von Samos 32

Quadflieg, Will 147

Ra (ägyptischer Sonnengott) 30
Raimi, Sam 160
Rajaraja (indischer König) 121

173

Ramses II. der Große 31
RALPH 124C 41+57, 166
Ramis, Harold 155
Ratey, John 87, 166
Rauffs, Ulrich 96
Reiner, Rob 159
Reiser, Anton →Moritz, Karl Philip 46-48
Rennie, Michael 70, 158
Renzulli, J.S. 81
Rhodan, Perry →Perry Rhodan 100, 132
Rico, Gabriele Lusser 79, 169
Riedelsheimer, Thomas 157
Rieger, K. 53
Robertson, Cliff 74, 160
Roeg, Nicolas 160
Röntgen, Wilhelm Konrad 55 f.
Rohrer, Heinrich 85
Rost, Detlev H. 70, 81, 83, 85, 92, 167 f.
Rousseau, Jean Jacques 47
Rowling, Joanne K. 90, 97, 158, 168
Ruck, Carl 169
Ruska, Ernst 85
Russell, Ken 50
Ryan, Meg 149

Sacks, Oliver 84, 168
Sakkai, Jochanan ben 36
Sant, Gus van 96, 146, 154, 156
Scethe, Liuzo de 121
Scheidt, Elke vom 128
Scheidt, Gregor vom 130
Scheidt, Helmut vom 120, 123
Scheidt, Jürgen vom 2, 120, 168
Scheidt, Marie vom (geb. Hertel) 124
Scheidt, Maurus vom 130
Scheidt, Stefan vom 129
Scheidt, Ulrike vom 127
Schenkel, Elmar 94, 168
Schepisi, Fred 149
Schmidbauer, Wolfgang 2, 168
Schmitz, Antje 97, 168
Schmökel, Hartmut 27, 168
Schneider, Robert 49, 148, 168
Schreiber, Flora Rheta 82, 168
Schröder, Gerhard 75, 98
Schwarzenegger, Arnold 97, 101, 161
Scott, Ridley 86, 110, 147
Seguin, Edouard 50
Seibt, Gustav 60, 168

Seltsam, Dr. 9, 133, 150 f.
Shakespeare, William 43 f., 148, 162
Shankar, Ravi 160
Shankara (indischer Philosoph) 26, 38, 40, 145
Shelley, Mary Wollstonecraft 26, 47, 50, 62, 79, 164, 168
Shelley, Percy Bysshe 50
Shiras, Wilmar H. 70
Sidharta Gautama →Buddha 33
Simon, Théophile 57
Sinclair, Clive 69
Singer, Bryan 161
Singh, Simon 44, 57, 90, 168
Small, William S. 55, 73
Smiley, Jane 66
Smoguri-Nothaft, Rena 115, 118
Snow, C.P. 74, 88, 168
Soderbergh, Steven 77, 96, 162
Softley, Iain 157
Sokrates 33, 44
Solms, Mark 98, 168
Soros, George 88, 169
Spacey, Kevin 89, 158
Spearman, Charles 56, 62, 67
Spelsberg, Leo 124 f.
Spiderman 160
Spielberg, Steven 72, 79, 86, 92 f., 110, 149
Spottiswoode, Roger 161
Stalin 123
Stapf, Aiga 70, 85, 87, 96, 169
Stapledon, Olaf 64 f., 87, 93, 103, 169
Stern, William 57 f., 63, 70
Stilett, Hans 43
Stone, Oliver 150, 152
Storr, Anthony 79, 85, 169
Sun Koh →Müller-Murnau, Paul Afred 52, 64 f., 166 f.
Sutin, Lawrence 86, 169
Syed, Renate 37, 169

Tarkowskij, Andrej 77, 96, 162
Tausk, Victor 78, 165
Telemach (Sohn des →Odysseus) 32
Terman, Lewis 60 f., 89
Theseus (mythische Figur der Labyrinth-Sage) 21, 25, 30, 37, 105, 142
Thomas von Aquin 96
Thoth (ägyptischer Halbgott) 23 f.
Thurstone, Louis Leon 67, 69

Tober, Jan 165
Tolman, Edward. C. 62
Tomlinson, Ray 52, 79
Turgenjew, Iwan Sergejewitsch 49

Urban (Papst) 39
Verhoeven, Paul 86
Verne, Jules 52, 57
Vester, Frederic 67, 70, 74, 82 f.
Vilsmaier, Joseph 49, 148
Vinci, Leonardo da 75, 165
Vito, Danny de 153
Vogler, Christopher 91, 142, 169
Vogt, A. E. van 68, 72, 102, 169

Wachowsky Brothers 162
Wagner, Frank 52
Walpole, Horace 47
Wasson, Gordon 28, 169
Watson, James 71
Watt, James 47
Weber, Max 41, 96
Wechsler, David 66, 71 f.
Weininger, Otto 55 f.
Welles, Orson 149
Wells, Herbert George 52, 54, 57, 93 f., 168
Wiener, Norbert 67, 69, 74
Wigand, Jeffrey 156
Wilcox, Fred McLeod 162
Wiles, Andrew 39, 44, 59, 88, 90
Wilhelm, Kate 77
Wilkins (neuseeländischer Physiker) 71
William III. von England 45, 55
Williamson, Jack 67
Willis, Bruce 152, 154
Wingrove, David 164
Winner, Ellen 61, 89, 169
Winterling, Susanna Margarethe 122
Wise, Robert 70, 158
Wollstonecraft, Mary 50, 164, 168
Wotan (germanischer Gott) 23
Wundt, Wilhelm 46, 52, 123

Young, Terence 150
Yost, W. N. 52

Zelazny, Robert 84
Zemeckis, Robert 159
Zenhäusern, Ruth 129

Licht- und Schattenseiten
der **Hochbegabung**

Jürgen vom Scheidt
Das Drama der Hochbegabten
Zwischen Genie und
Leistungsverweigerung
360 Seiten. Gebunden
mit Schutzumschlag
€ 19,95 [D]/sFr 36,10
ISBN 3-466-30635-3

SACHBÜCHER
RATGEBER

Nur etwa ein Drittel aller Hochbegabten verwirklicht erfolgreich seine Fähigkeiten. Die weitaus größere Gruppe ist sich jedoch ihrer Hochbegabung gar nicht bewusst.

Das erste Buch zur Hochbegabung bei Erwachsenen beleuchtet das breite Spektrum des Themas. Ein Beitrag zur aktuellen Diskussion um Hochschulreform und Eliteförderung.

Kompetent & lebendig.
PSYCHOLOGIE & LEBENSHILFE

Kösel-Verlag München, e-mail: info@koesel.de   www.koesel.de